信用原理概编

汪 路　罗永明　唐 莹◎著

 西南财经大学出版社

中国言实出版社

图书在版编目（CIP）数据

信用原理概论/汪路，罗永明，唐莹著.—成都：西南财经大学出版社，
2023.12
ISBN 978-7-5504-5986-1

Ⅰ.①信… Ⅱ.①汪…②罗…③唐… Ⅲ.①贷款管理 Ⅳ.①F830.51

中国国家版本馆 CIP 数据核字（2023）第 217224 号

信用原理概论

汪　路　罗永明　唐　莹　著

责任编辑:李特军　佟贵兆
责任校对:冯　雪
封面设计:墨创文化
书名题字:卫海军
责任印制:朱曼丽

出版发行	西南财经大学出版社（四川省成都市光华村街 55 号）
网　　址	http://cbs.swufe.edu.cn
电子邮件	bookcj@swufe.edu.cn
邮政编码	610074
电　　话	028-87353785
照　　排	四川胜翔数码印务设计有限公司
印　　刷	郫县犀浦印刷厂
成品尺寸	185mm×260mm
印　　张	10.75
字　　数	291 千字
版　　次	2023 年 12 月第 1 版
印　　次	2023 年 12 月第 1 次印刷
印　　数	1— 2000 册
书　　号	ISBN 978-7-5504-5986-1
定　　价	45.00 元

序一
法治主要是为信用服务的

金剑锋[①]

汪路先生与他母校的唐莹、罗永明两位老师合著的这本《信用原理概论》即将出版，邀请我作序，我感到十分荣幸。汪路先生擅于独立思考、造诣高深，堪称专家型的领导，在法律与信用的交叉研究方面亦有诸多开创之处。

本书是专门研究信用的，引用了大量司法案件的数据，用以佐证法律和司法为信用服务的这一事实，事实也确实如此。《中华人民共和国民法典》以及众多的法律法规都将诚信作为基本原则，信用秩序需要不同法律体系从不同维度进行保障。信用原则不应仅仅体现在原则性的宣示上，而应以蓬勃生机在法律实施的过程中层层展开。我国高校缺少一本系统全面的"信用原理"教科书。汪路先生说，他试着写这本"信用原理概论"是抛砖引玉，但在我看来，这本教科书为我国信用原理的理论和实务做了深入的研究，具有很高的学术价值。

大约在十年前，我因参加《中华人民共和国物权法》的立法而结识汪路先生。因为他在中国人民银行具体推进我国的应收账款质押登记，继而融资租赁登记，直至动产融资的权利登记制度建设工作，有一些法律问题需要彼此经常探讨，所以我们的认识了解日益加深。在工作交往中，我们对如何结合中央银行推进的工作，共同推动完善《中华人民共和国物权法》等法律中已提到或已建立的物权登记生效制度、动产担保制度和善意占有制度，多有交流。他对工作的敬业态度，对法律的精深研究，对中央银行和国家的征信以及动产权利登记事业的贡献，给我留下深刻印象。以他的独立思考能力和学术情怀，成就这本新作，丝毫没让我感到意外。

汪路先生对建立和完善动产担保登记制度做出了贡献，在这本《信用原理概论》里，"信用基础设施"一章中简要讨论了动产及权利担保登记制度。令人欣慰的是，从

---

① 金剑锋：法学博士、在多个高等学府兼任教授、在多实务部门任职；长期从事司法实践和法律理论研究，主要研究"公司证券制度""民事权利冲突"和"三大诉讼证据"。著有《关于适用〈中华人民共和国担保法〉若干问题的解释理解与适用》《证据要义》《物权法的理解与适用》《公司诉讼的理论与实务问题研究》和《关联公司法律制度研究》等。

2021 年 1 月 1 日起，我国对动产和权利担保在全国实行统一登记。原由市场监管总局承担的生产设备、原材料、半成品、产品抵押登记和人民银行承担的应收账款质押登记，以及存款单质押、融资租赁、保理等登记，改由人民银行统一承担。这是各方对中央银行近年推动动产融资统一登记工作的认可和支持的结果。

在这本《信用原理概论》里，作者系统地论述了法治与信用的关系，其中的一些重要认识，我是同意的。例如：维护合法的信用关系实际上是司法实践的主要工作；公共部门要做社会诚信的榜样；司法公信是影响诚信建设的另一个关键；对迄今中国社会的契约精神仍然比较薄弱的分析等，都是有积极意义的。汪路先生及其合作者对一段时间以来在信用建设中出现的一个错误倾向——泛化信用问题的批判，是比较深刻的。

总之，在建设中国特色社会主义道路上，法治和信用既有密切的联系和相互影响，又有本质的不同。为这两者建设贡献有益的思想，都是值得称道的。

是为序。

金剑锋

2023 年 4 月于北京

序二
从诚信到信用

王卓①

在中华文化中，"仁、义、礼、智、信"是历代儒家提倡做人做事的道德准则，这个基本准则贯穿于中华伦理道德的发展进程，是中国传统价值体系中的核心因素。"人无信不立，家无信不和，业无信不兴，国无信不强"，更是将"诚信"的重要性落实到政治、经济、社会生活的方方面面。党的二十大报告："完善产权保护、市场准入、公平竞争、社会信用等市场经济基础制度，优化营商环境。""弘扬诚信文化，健全诚信建设长效机制。"诚信问题被提到前所未有的政治高度。为积极响应国家诚信体系建设，廓清经济领域的信用泛化问题，中国人民银行原征信中心副主任汪路先生与西南财经大学两位老师新近付梓的《信用原理概论》一书，紧扣信用议题，从信用基础理论、经济信用、诚信三个层面展开系统而深入的理性思考，结合丰富的管理经验和大量的实证资料，构建了经济信用建设的基本思路和理论框架，提出了十大信用规律，对完善诚信文化建设给出政策建议。其理论价值和现实意义皆不同凡响。

第一，从理论上看，学界目前对信用、信用风险等基本概念尚存分歧，实务界对此也是见仁见智、各取所需。《信用原理概论》对此给予明确界定和系统阐释。广义上的信用，其主要特征可归纳为"契约"。经济信用的主要特征可简述为"契约+货币计量"，这两个特征中的任何一个不满足，就不能称为经济信用；只有两个特征同时具备，才能称为经济信用。只符合第一个特征（契约，即承诺加承诺的实现），而没有第二个特征（即货币计量）的，是道德层面的信用（即诚信）；两个特征都不具备，不能称为信用。诚信是建立经济信用关系必不可少的基础，经济信用环境是诚信环境的底线。

作者基于长期的管理实践和理论研究，指出实务与理论方面对信用的理解存在两个偏差：一是泛化信用，把社会主体在社会和经济活动中遵守法律法规的状态归入信用、公共信用或社会信用；二是以金融信用替代信用，以为金融信用就是信用的全部。

---

① 王卓：法学博士，四川大学公共管理学院教授，博士生导师；国家社科基金重大项目首席专家，四川省有突出贡献优秀专家，四川大学中国西部反贫困研究中心执行主任。

泛化信用的核心是把守法状态强行定义为信用，主要原因是有关方面的扩权冲动和拥有较大话语权部门的推动。其本质上是没有合理区分社会信用与经济信用的边界，扩大了经济信用的外延，从而导致泛化信用。

在风险社会里，不确定性所带来的信用风险无处不在。信用风险是指信用履约的不确定性。为了减少不确定性及信用风险，我国需要加强信用建设。而信用建设中的最大短板则是商务信用基础薄弱。为此，作者认为各信用关系当事人，如企业主体、个体、公共部门应明确各自在信用关系中的角色，依法履职尽责，维护并推进中国信用体系建设。

第二，《信用原理概论》主要以狭义上的经济信用为研究对象，分别从经济信用、信用中介与信用服务、信用创造与信用闸门、信用基础服务设施等维度，深入分析经济信用的主要活动，对现有货币银行学的货币信用问题做出了具有创新价值的增量研究。

加强国际信用对话和信用研究交流，避免泛化信用的干扰和影响，科学判断我国经济信用的总体图景，识别信用风险规律并有效管理信用风险，是经济信用和信用经济高质量发展的内在要求。经济信用是能够履行跟人约定的含价值往来的事情而取得的信任，包括商务信用与金融信用。商务信用是金融信用的基础，金融信用是商务信用进步的结果。基于经济信用的类型研究，作者指出中国经济已进入以信用交易为主导的信用经济阶段，并可从负债和信用交易两个维度估计经济信用总量。虽然我国总体信用风险并无紧迫近忧，但改善中小企业的信用条件是需要全社会高度重视和持续为之努力的战略任务。

金融是为信用服务的中介，按其服务信用的不同结构类型可划分为银行、保险和投资三类，并分别形成借贷信用、保险信用和投资信用。货币和银行的出现是信用活动演进过程中最为重大的事件，而专门为信用服务的金融（中介）机构在信用发展中发挥了越来越重要的作用，且逐渐形成现代市场经济就是信用经济的格局。在为各种信用提供服务的专业化过程中，除了主要为借贷信用、保险信用和投资信用提供专业服务的银行、保险/担保公司、证券公司以外，也出现了基金公司、信托公司等金融机构提供信用服务。如果说信用风险是信用及金融的永恒主题和健康生存之道，那么普惠金融则是各界普遍认识到的金融发展的重点方向。虽然国际社会和中国的普惠金融事业取得了一定成绩，但仍有诸多不足。

信用/货币创造是现代经济体系下具有规律性的货币现象。信用/货币创造是指政府（通常是中央银行）发行基础货币的增加可以导致货币供应量的多倍增加。一个钱当几个钱用，是效率的表现，是现代国家货币理论中关于货币供应量规律的一种重要理论。自从有货币以来，信用就可以用货币来表达。货币即信用，货币极大地促进了信用的发展。借助于金融的帮助，建立信用关系、扩张信用变得容易而有效率，但是推动信用扩张与发展的动力，本质上来源于各类主体对各种信用的合法和有效的需求。这是信用创造的社会基础。

中央银行的核心职能是具有法律授予的货币创造的特权，这个特权完全依靠国家的巨大信用提供支撑。这使得中央银行可以为信用创造提供不竭的源泉。与商业银行相比，中央银行在信用/货币创造上有更大的自主性，承担更积极的功能。但是，信用/货币创造也有两面性，一方面能加快信用活动的增长和财富创造，另一方面也会加大经济波动、积聚更高的信用风险。金融风险与信用风险、经济风险密切相关，一旦出现金融信用危机，将会给社会带来难以承受的灾难。因此，我们需要监管专业化的信用服务，管好信用闸门，同时完善信用基础设施建设。

信用基础设施是指主要为信用服务的基础设施，包括支付清算体系、各类交易所、资产（权益）登记、征信、反洗钱等体系。《信用原理概论》以问题为导向，围绕征信、资产登记、信用纠纷、支付、交易所五类信用基础服务设施逐一展开细致分析，并提出了信用基础设施规律，即信用基础服务设施具有服务面广、在信用服务体系中不可或缺、风险约束机制强等特点，投资建设信用基础设施具有事半功倍的效果。

第三，信用建设的社会基础在于诚信。诚信是社会主义核心价值观的组成部分，是个体层面的重要修为，是具有全人类共同价值的道德规范。个体诚信有差异是客观存在的事实，但极少有人会承认自己的诚信品德差；社会全部个体的平均诚信水平，决定社会群体的诚信水平。广义的信用由经济信用和道德诚信构成。诚信是建立经济信用关系的重要基础，相比经济信用建设，诚信建设的系统性、协同性要求更高，需要全社会共同努力。

诚信与契约精神是相通的，契约精神是诚信文化的基本内容。契约精神不是单方面强加或胁迫的霸王条款，而是各方在自由平等基础上的立约守信精神。基于此，《信用原理概论》提出应着力推进政务诚信、商务诚信、社会诚信和司法公信建设，以促进形成良好的诚信氛围。

提高社会诚信水平最重要的基础工作是诚信教育。诚信教育的目是让诚信成为每个人的必备品德、首要品德，获得诚信/信用的科学知识，包括认识和掌握信用规律，促进人人真正诚信守信，自觉按照诚信道德要求和信用科学规律为人处世。

诚信教育应从小启动，越早越好。在早期的家教、幼教和小学教育中，家长和老师均负有重要责任。家庭教育和学校教要适应早期教育的特点，鼓励探索创新早期诚信教育的有效方法。从人性与诚信的关系上看，诚信教育理念与扬善抑恶具有一致性。诚信不能违背善的人性，诚信也不必违背非恶的中性人性。因此，在诚信教育问题上，不宜异化和泛化诚信。诚信伴随人的一生，终身教育使个人诚信信仰体系不断巩固和完善。

公共部门、企业家和公众人物对社会风气影响极大，是影响和决定社会诚信水平的关键少数。对于在中国社会诚信建设中居第一重要性的关键少数主体——公共部门而言，我国应从公共部门的经济信用约束机制、政府补贴契约化、公务员诚信档案制度、政府守信践诺制度机制建设四个方面，由从易到难、从窄到宽地渐进推进诚信建设。在中国特色社会主义市场经济体制条件下，企业家主体群体诚信对社会诚信的影响仅次于公共部门。完善企业家诚信的激励约束机制，可以从企业家信用报告制度、小微企业及小微企业主个人信用报告入手。公众人物主要包括公权力部门有一定级别的官员和各行各业有较大影响力的明星式人物，如知名企业家、网红等。建立公众人物诚信与约束机制，完善公众人物专题诚信制度、道德模范评选制度是可行路径。

在国家信用、经济信用、社会信用的关系中，经济信用具有关键的中介功能。信用的实践主体终究要落实到公民个人。无论在什么领域，什么行业，什么职业，诚实守信是我们对人的基本假设。由于社会本身的复杂性，社会发展的阶段性，每个人在社会化过程中的差异性，我们很难确定每个人都是一样的诚实守信，很难确定每个人在每时每刻都是诚实守信的。同样，我们也很难确定由人建构起来的公共部门、市场及主体、社会团体等在每时每刻都是诚实守信的。因此，在诸多不确定因素影响下，为了实现我们对利益相关方诚实守信的期待，增进社会福祉，我们需要进行与此有关的一系列制度性安排并使之完善。毫无疑问，经济信用建设是一个很好的切入口。

汪路先生是我国资深的金融专家。早在20世纪80年代中期，我们同时就读于西南财经大学统计学系，研究生毕业后，他在我国金融系统矢志不渝地深耕三十多年，先后任职中国人民银行统计司、货币政策司和征信管理局处长、驻欧洲（英国伦敦）代表处代表、征信中心副主任，具有非常宽广的视野并积累了相当丰富的管理经验。这本他与西南财经大学老师合著的《信用原理概论》从经济信用入手，在系统批判"泛化信用"方向性错误的基础上，建构起信用的基本理论，提出信用若干规律，不仅有助于为信用概念正本清源，而且为国家信用体系建设少走弯路建言献策。这种家国情怀和使命感，令人肃然起敬。可以相信，汪路先生与西南财经大学老师合作关于信用及信用制度建设的理性思考，一定有益于国家信用体系建设。

是以为序。

王卓

2023 年 4 月于四川大学

序三
信用让生活更美好

吴敬倚[①]

汪路先生邀请我为其与西南财经大学老师合作的新作《信用原理概论》作序，甚感荣幸和欣慰。

20世纪70年代，汪路先生是我和江雷老师在皖南泾县潘村中学的高中同学。他家住赤滩乡，上学要翻山越，岭走近路也有八九公里。那个时代生活清苦，但皖南民风、学风比较淳朴，我们结下了深厚的友谊。迄今我们夫妇两人与他以及一些同学还凭一个"师生情长"的微信群保持联系。

汪路先生在校时，刻苦学习，追求真理，是全校闻名的学霸，更可贵的是他的善良、独立思考的品格。这在他以后对信用的深入思考研究中突出地表现出来了。我作为他的老师深感欣慰、自豪。

汪路先生及其合作者撰写此书的最大动力，是担心"泛化信用"误国误民。

中国历史上最典型的兵不厌诈、不讲信用的事例，就是楚汉相争。当时刘邦和项羽两个军事集团，在荥阳附近相持不下，双方签订了以鸿沟为界、平分天下的和约。当项羽率领军队撤退时，刘邦撕毁了和约，调动各路大军，消灭了楚军，建立了汉朝，成了流传千古的成功战例。但其副作用很大，许多国人误认为只要能达到目的，就可以不择手段，背信弃义。

其实，古人对信用说得很明白。《韩非子·难一》说："繁礼君子，不厌忠信；战阵之间，不厌诈伪。"孔子曰："人而无信，不知其可也"，"民信无不立"。

兵不厌诈是敌对双方打仗或其他争斗场合需要，只为达到己方利益的计谋。而大量的和平、非暴力场合，特别是经济领域就不能要计谋，而要讲诚信，互利共赢。

汪路先生说，他们试着写这本《信用原理概论》是抛砖引玉，为了在中国见到更多更好的"信用原理"教科书。我检索了一下，内地高校确实还没有特别的"信用原

---

① 吴敬倚，北京大学物理系毕业，上海交通大学副教授，曾在皖南泾县支教。

理"教科书。改革开放之后，发展中国特色社会主义市场经济这么多年，这是不应该的。

一个社会组织，会因为权力产生基础、经济条件和历史文化背景的不同，选择不同的发展路径和模式。从人类的历史过程看，有的国家选择了以政治统治为中心，使用行政手段来实现社会的整合，并用行政手段来管理社会的各个方面。在这种类型的国家里，发展经济处于次要地位，实现经济发展的方式也带有浓厚的行政色彩，经济交往中的关系包括信用关系和其他社会关系的运行，也都是在政府主导下展开的。有的国家的社会治理，选择了以经济发展为中心的模式，让市场成为配置和优化配置资源的枢纽，通过法律手段保障市场中的主体关系，通过个人与企业在市场中的个体发展，汇聚成整个社会的发展。个人与企业在市场中的相互关系，是自由而非固定的，是广泛而陌生的，所以市场主体要实现自身的生存与发展，良好的信用十分重要。为了保证市场的良性运转，法律也需保障市场上那些遵纪守法、守信的主体。对于个人和企业而言，在市场中良好的信用成了自身生存和发展的基础之一。后一种社会治理模式下，市场信用是十分重要的！

契约精神是中西文明社会都主张的主流精神，是契约的自由、平等、信守、救济的精神。但是，对于签订契约的双方来讲，并不是完全平等的。占理弱势一方，一旦不能履行契约，就可能遭受巨大损失。正如老子讲的："和大怨，必有余怨。"

汪路先生与西南财经大学老师合作的《信用原理概论》，是一本讲信用原理的教科书，有助于纠正一些人对信用的错误认识，把公权力关进制度的笼子里，而不是相反，对信用理论应有正本清源的作用。

人无信不立。深化信用体系建设路漫漫其修远兮，《信用原理概论》的出版必将有益于中国信用事业的深入发展。

吴敬倚

于上海交通大学闵行校区

2023 年 4 月

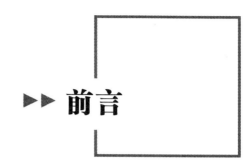

▶▶ 前言

　　有幸走到一起讨论信用问题，我们的心情是忐忑的。主要是因为信用是一个非常普通、几乎人人皆知的社会话题，而我们也缺乏信用科学的正规教育背景，有的只是兴趣和个人结合工作学习经历的一点独立思考而已；更甚，我们还共识不回避当下我国社会存在的有关信用的争论问题，和期望为我国信用建设做出微薄贡献。这些都让我们担心，怕辜负了读者对拙著的信任。如果，我们的思考和与您的分享讨论，对您有一点点有益启发，加上您的包容，我们将十分荣幸和感激！而如果这点滴启发能通过您的工作改善我国信用环境，则更是欣慰！

　　科学的"信用"概念和为信用服务的"征信"服务机制，是有利于解决市场经济运行中的问题，如能配合其他机制包括完善的法治，便可以形成一套较完善的且可以与国际接轨的维护信用的逻辑和制度体系。我国经济信用及其他信用问题衍生出来的危机及其引起的社会问题，引起了全社会的广泛关注，为此，党和国家及时提出了社会信用体系建设和包括"政务诚信、商务诚信、社会诚信、司法公信"的诚信建设的较高目标任务，也探索出台了一些制度措施，试图建立、健全激励守信的，约束、惩戒失信的，解决社会所有信用——广义信用问题的制度体系。在此过程中，准确辨析狭义信用与广义信用的边界，厘清经济信用与诚信，甚至法治建设与信用建设的内涵与区别，是理论和实践都迫切需要解决的问题。

　　促进我们走到一起斗胆试写这本书的机缘，主要来自西南财经大学北京研究院院长胡斌先生的鼓励。撰写一本既包括经济信用又包括道德诚信的广义信用的浅显原理，除了前述机缘和源自拙著《征信：若干基本问题及其顶层设计》一部分读者的鼓励以外，动力还有来自对尚未退出历史舞台的泛化信用的担忧。希望在批判泛化信用的基础上为信用建设作出自己的贡献；同时，抛砖引玉，求教于信用科学的老师和学者，期待大家共同努力出版更多更好的信用原理教科书。

真诚不是谦虚,作者才疏学浅,书中所提理论包括信用规律都是十分浅显的;同时,对目前中国诚信建设的一些热点甚至敏感问题也没有刻意回避。例如:

- 目前在我国存在的理解信用的两个偏差分别是什么?(第二章)
- 泛化信用有哪些危害?(第二章)
- 信用/诚信建设的主要矛盾是什么?(第三章)
- 信用反垄断有哪些内在要求?(第四章)
- 如何理解金融和信用的关系?(第五章)
- 比特币的出现,实际主要反映的是市场对什么的担心?为什么会有这种担心?(第六章)
- 征信行政监管的重点职责任务是什么?如何在征信业中,正确认识个人信息权利保护与信息安全之间的关系?(第七章)
- 为什么迄今中国社会的契约精神仍然比较薄弱?(第八章)
- 为什么说诚信是人类必备品德、第一品德?(第九章)
- 为什么说,在中国,公共部门更要做社会诚信的榜样?(第十章)

……

本书的有关讨论,读者也未必同意,但至少是有兴趣参与诚信建设问题讨论的有益话题。

人无信不立。但如果您想探究更复杂、宏大的问题,比如您要是问,信用或诚信相比金钱、法律和亲情友情,哪个更重要?我们只能像对待哲学问题一样,一辈子慢慢去体会。

总之,如果拙著能够对信用这个社会问题的认知起一点良性辅助作用,则甚慰矣。

我们对中国信用经济和社会诚信健康发展充满期待。

感谢金剑锋、王卓和吴敬倚三位教授为拙著赐序!

感谢胡斌、李特军、李志勇、程鹏、顾晓敏、阎森林、王纯红、倪静玲、宋媚、胡月等朋友的帮助,本书才能得以出版。

致谢所有给我们鼓励的亲友!与你们在一起的温暖生活,丰富了我们的人生体验,对此拙著均有很大的帮助!你们是我们人生的贵人,谢谢你们!

癸卯春

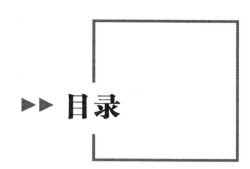

▶▶ 目录

第一篇 总论

第二篇　经济信用

目录

第三篇　诚信

第一篇
总论

第一章

信用概念（一）

第一节　广义信用

把讨论一般概念的次序颠倒一下：先谈一下信用的范畴，再讨论它的定义。

首先，为适应我国社会信用建设的需要，我们开宗明义地讨论的信用范畴视野，也是社会各方面都关心的广义信用。即使是"广义"的信用，它也是有边界的，我们能接受的最广义的信用，包括经济信用（credit）和诚信（honesty）两大类。超出这两大类信用以外的东西，比如后面会进一步讨论的法规执行问题，就其性质而言，不属于信用范畴。

党的十八大报告提出：大力推进政务诚信、商务诚信、社会诚信和司法公信建设。《2014—2020 社会信用体系建设规划纲要》（简称《纲要》）明确，社会信用体系建设重点分别是，"政务诚信、商务诚信、社会诚信、司法公信"，即"四信"。这里，前三个"诚信"讲的是信用；而"司法公信"中的"信"指的是"信任"，还是有区别。对于政务诚信，《纲要》提出了坚持依法执政、全面推行政务公开，建立有效的信息共享机制，切实提高政府工作效率和服务水平的要求；对于商务诚信，提出了在生产、流通、金融、税务、价格、统计、工程建设、政府采购、招投标、交通运输、电子商务、中介服务、会展广告以及微观企业等 15 个方面的信用体系建设；对于社会诚信，提出了在社会保障、医药卫生、计划生育、劳动用工、教育科技、知识产权、环境保护、文化体育、社会组织、网络服务以及自然人的信用建设；对于司法公信，重点围绕法院、监察、公共安全等方面加强信息公开、诚信执法、文明执法以及司法公信制度建设问题等进行了系统梳理。

可以看出，这"四信"基本上是包含在关于信用的大分类中的。当然，类似"四信"，将信用分为三类——商务诚信、社会诚信和政务诚信或公共部门诚信（包括执法司法诚信）——也是关于信用的一种有益分类。其他更细分类，我们后面还会提到。但显然，经济信用与诚信是关于信用的一种宽泛的分类。

如果我们将"诚信"理解为广义信用中，除了"经济信用"以外的信用，而不是将其看作广义信用的同义词（后面我们会讨论到，其实看作同义词也是可以的，只要在适当的场合、不引起误解和混乱即可）。那么，这个分类就可以通俗地理解为，将"信用"划分成了定量的信用——经济信用，和非定量的信用——诚信。

这个最大的也是最重要的信用分类，是深入、科学研究信用的一个基础。本书的大框架，就是在这个分类基础上设计的。当然，这并不排斥其他有益分类对信用的深入探索。

信用的科学分类有信用建设实践上的重要意义。只有在科学分类的基础上，我们才能更清晰、更准确地认识信用科学，认识信用活动及行业的规律和当前征信实践中存在的主要问题，找出更加有效的推进旨在活跃交易、推动经济发展的"征信"建设，以及改善社会信用环境的措施。

第二节　信用的定义

在讨论信用的定义之前，需要清楚两点，这对准确理解和把握信用概念是有帮助的。

一、理解信用的多个视角

我们可以从经济、金融、法律、道德、社会、文化和政治的角度去理解信用。

从经济和金融的角度去理解信用是信用学科研究的重点，本书将在后面展开讨论。我们先只选择从法律和政治两个视角谈一下。

从法律的角度，我们可先看一下主要民事法律有关信用/诚信的规定。

2021 年 1 月 1 日起施行的《中华人民共和国民法典》总则规定，民事主体从事民事活动，应当遵循诚信原则，秉持诚实，恪守承诺。其中的第五百条规定，当事人在订立合同过程中有下列情形之一，造成对方损失的，应当承担赔偿责任：（一）假借订立合同，恶意进行磋商；（二）故意隐瞒与订立合同有关的重要事实或者提供虚假情况；（三）有其他违背诚信原则的行为。第五百零九条第二款规定，当事人应当遵循诚信原则，根据合同的性质、目的和交易习惯履行通知、协助、保密等义务。

《中华人民共和国民法典》中的诚信原则，是指所有民事主体在从事任何民事活动，包括行使民事权利、履行民事义务、承担民事责任时，都应该要秉持诚实，善意，不诈不欺，言行一致，信守诺言。诚信原则作为民法的基本原则。诚实守信是市场活动的基本准则，是保障交易秩序的重要法律原则，它和公平原则一样，既是法律原则，又是一种重要的道德规范。[1]

---

[1] 信用中国.《民法典》中的诚信原则是什么？ ［EB/OL］.（2021-04-08）［2023-03-10］. http://credit.shaanxi.gov.cn/394.news.detail.dhtml? news_id=11483995.

《中华人民共和国民法通则》规定，民事活动应当遵守自愿、公平、等价有偿、诚实守信的原则。

《中华人民共和国合同法》要求，当事人对他人诚实不欺，讲求信用、恪守诺言，并且在合同的内容、意义及适用等方面产生纠纷时要依据诚实信用原则来解释合同。

可见，从法律的角度理解"信用"，是把信用看成非即时实现/交付的契约（合同）。简言之，信用即契约。因为契约的执行是存在时间间隔的。这里有两层含义：一层是指当事人按照"契约"约定的权利和义务；另一层是指当事人之间"契约"约定的权利和义务不是当时实现交割的。存在时滞，就存在信用。

从法律视角，用法律语言理解信用，其有两个要件。一是"契约"要件，是明明白白表述了当事人同意的真实意愿。这个契约主要是指经济合同——小到两个企业之间的供货合同，或少数主体之间约定的权利义务关系，大到两个国家之间的数以亿元计的债权/债务。当然，契约这个要件还可以细分为其他组件。二是非即时交割的"契约"，这个要件是构成法律上的信用的另一个非常重要的必要条件和特点。如果权利和义务的实现，即交易的双向交付是同时进行的，那么就不会构成信用。必须存在一定的时间差才会出现信用问题。

法律及司法于社会的意义，不仅在于给社会主体规定权利和义务并使之得到很好的执行，而且更在于保障大量的社会主体之间的契约，能够得到很好地、和谐地履行，使社会能够文明、有序运行，社会信用状态良好。

从法律的视角，我们更严谨、合法地理解信用。但是，从法律的视角看信用，对一部分人赞同的"法规是广义的社会契约，因此也可视为信用或公共信用"的说法，要特别小心。

比如在你和你的父母之间的法律/契约/家庭关系中，你的父母有抚养你成人的义务，你也有赡养你的父母的义务。但是，类似法规条款，如把它理解为广义社会契约，也归入信用，必须强调的一点是，它必须是全社会成员主体明明白白同意的社会规范。但实际上，即便是经过较好反映民意的立法程序制定的，各种法律法规赋予公民和社会主体的权利和义务的条款规定，符合可理解为信用的、全社会成员主体在任何条件下都同意的广义社会契约是极少的情形。因为，人的本性是崇尚、追求自由的；大多数普通人都是在一定的时空条件下基于自己的利益立场看待某种意见/规范。即便对于前例，在子女与父母之间的关系中，父母有抚养子女成人的义务和子女有赡养父母的义务，但在这个关系中如果一方未能履行义务，通常还是称之为违法或违反社会家庭伦理道德，而很少称之为失信的。①

从政治的角度看信用，实事求是是中国共产党作为执政党的思想路线的核心，而讲信用、讲事实是实事求是的基础。政务诚信，讲的就是包括执政党在内的公共部门要讲信用，党员领导干部更要做全社会的诚信模范。政府要对社会、对公民恪守信用准则，其核心是依法行政、政务公开、勤政高效、守信践诺、失信惩戒，发挥政府在

————————
① 百度百科. 信用 ［EB/OL］.（2021-01-04）［2023-03-10］. https://baike.baidu.com/item/%E4%BF%A1%E7%94%A8/986088? fr=aladdin.

诚信建设中的示范表率作用，取信于民。这既是法治政府的必然要求，也是建设诚信社会的重要基础。政务诚信是商务诚信、社会诚信的表率，是确立现代社会诚信的基石。

国务院 2016 年 12 月 22 日印发的《国务院关于加强政务诚信建设的指导意见》（国发〔2016〕76 号）作为早期政务诚信建设的纲领性文件，对政务诚信的基本理念进行了系统性阐述，首次构建起政务诚信的基本框架。具体来看，政务诚信的基本原则包括依法行政、政务公开、勤政高效、守信践诺和失信惩戒；政务诚信监督体系包括政务诚信专项督导机制、横向政务诚信监督机制、社会监督和第三方机构评估机制；政务信用管理体系包括加强公务员诚信教育、建立健全政务失信记录、健全守信激励与失信惩戒机制、健全信用权益保护和信用修复机制；政务诚信建设重点领域包括政府采购、政府和社会资本合作、招标投标、招商引资、地方政府债务、街道和乡镇。①

因此，我们可以说，讲信用也是讲政治。特别需要注意的是，不能有相反的谬误逻辑：如果有人以为讲政治就可以不讲信用，则是对讲政治的误解和污蔑。"讲信用也是讲政治"的逻辑，还可以从我党的宗旨讲起。践行好我党为人民服务的宗旨，就是最好的政务诚信，就是最大的讲政治。由此可见，党政部门需要高度重视信用建设。然而，种种现象显示，我国社会信用/诚信建设还存在一些问题、任务仍繁重，这也是我们需要加强信用科学研究，助力信用建设的重要原因。

总之，由于信用是涉及面很广的社会事物，是有多种含义/解释的多义词，加上我国近年来一些政府工作人员想要利用信用解决各种社会问题的倾向明显，信用被进一步泛化、异化。人类历史发展到今天，"信用"这个词已经包含了极其丰富的内涵。因此，信用可能是人类认识中最为复杂、最难以捉摸的概念之一。

信用的复杂性，还表现在以下说法中：

——信用是难得易失的。费十年工夫积累的信用，往往由于一时一事的言行而失掉。而信用一旦丧失，就很难完全恢复。

——信用是指我们过去履行承诺的正面记录或负面记录。

——信用还是一种行为艺术，是一种人人可以尝试的自我管理的行为管理模式。

——存在于人脑的事物中，没有哪一件比信用更加古怪，更加微妙。

——信用从来不是强迫的，而是自觉自愿的，依赖于期望与担心这样一些感情。

——信用常常不用争取而自行出现，又似无缘无故地消失。

——信用在很多场合，是人们靠管理国家的才智以及战场上的勇猛和指挥才能赢得的声誉与名望。春秋战国时期秦国的商鞅城门立木取信的故事，讲的就是这个道理。精明强干的政治家与杰出优异的船长，会因为一些倒霉的偶然事件，一时失误或运气不佳而名誉受污，失去众人的爱戴，但是只要他有卓越的才能、真正的本领，真正言而有信，名誉迟早是会恢复的。

——诚实守信，既是普通常理、天经地义，又是高尚的品德，人人都想拥有，可

① 四川大证. 以全新视角思考政务诚信内涵及发展 ［EB/OL］. （2022-11-25）［2023-03-10］. https://mp.weixin.qq.com/s/mLIRdPlDVtuJOAu-bVwcQQ.

我们还常常无意或有意地违约失信。

——在不断变化的世界和人性易变的社会中，追求确定性机制，是讲信用及信用建设的本质，可见其难度和复杂性。

可见，信用是非常复杂的。对信用的认识，仁者见仁，智者见智。从其他视角看信用，我们留待后续讨论。从不同角度来看信用，可以帮助我们更好地理解信用。

二、给信用下定义或描述并不容易

信用的复杂性提示我们，给信用下一个科学的、普遍被接受的定义或描述并不容易。我们先看一下中外辞典给多义的信用/credit 给出了哪些含义。

先看新版朗曼当代英语词典，它对 credit/信用给出了八种含义：（1）a system of buying goods or service and paying for them/指购买商品或服务并延迟付款的制度。（2）the quality of being likely to repay debts and being trusted in money matters/指在涉及金钱事情上还款和被信任的品德。（3）the amount of money in a person's bank account/指一个人在银行账户里的金钱的数额。（4）belief or trust in the truth or rightness of something/对事物的真实性和正确性的相信或信任。（5）public approval or praise given to someone because of something they have done/鉴于某人过去所做的事，而给予其公开的赞许和表扬。（6）a cause of honor/荣耀的原因。（7）a completed unit of a student's work that forms parts of course，esp. at a university/学分。（8）to someone's credit/对于某人的信用：① in someone's favour/获得某人的支持；in a way that brings honour to someone/用给某人带来光荣的方式。② to/in someone's name/对于或用某人的名义；belonging to or done by someone/属于某人的或某人所做的。

显然，前 3 种含义是与金钱数量有关的经济信用的含义，而后面 5 种含义则是超出经济信用的多数是道德诚信方面的含义。

《新帕尔格雷夫经济学大辞典》对信用的解释是：提供信贷（Credit）意味着把对某物（如一笔钱）的财产权给予过渡，以交换在将来的某一特定时刻对另外的物品（如另外一笔钱）的所有权。《牛津法律大辞典》的解释是：信用（Credit），指在得到或提供货物或服务后并不立即，而是允诺在将来付给报酬的做法。上述两个关于信用的解释仅与金钱、经济信用有关。[①]

再看汉语中的信用。由于记载中华文化文明的历史悠久而不间断，汉语赋予"信"和"信用"的含义更为丰富。汉语中，含有"信用"含义的词汇至少有 20 多个，如"信从""信贷""信而有征""信奉""信服""信据""信口雌黄""信女""信任""信赏必罚""信实""信史""信士""信誓旦旦""信守""信条""信徒""信托""信望""信物""信仰""信心""信义""信誉"等。

根据 2009 年版《辞海》，信用包含三层含义：一是信任使用；二是遵守诺言，实践成约，从而获得的信任；三是以偿还为条件的价值运动的特殊形式，多产生于货币

---

① 信用中国. 什么是信用？［EB/OL］.（2017-04-06）［2023-03-10］. https://credit.hnloudi.gov.cn/130/5132. html.

借贷和商品交易的赊销或预付之中①。可见,《辞海》中关于信用的阐释,前两项与诚信有关,但第三项则体现为与资金借贷有关的经济信用。

现代汉语词典对"信用"给出的三种解释是:(1)能够履行跟人约定的事情而取得的信任:讲~|维持~。(2)不需要提供物资保证,可以按时偿付的:~贷款。(3)指银行借贷或商业上的赊销、赊购。

如果一定要用一句话给"信用"这个多义词下一个统一的、高度概括的定义,可取《辞海》和《现代汉语词典》这两本权威词典对"信用"的第一条释义或描述。它们的第一种释义,是超出经济信用含义的,既包含了经济层面和道德层面的信用的各种含义,又十分简洁。

迄今,中英文字词典都没有把"守法状态"列入信用含义的。

口头上通俗谈论的"信用",是将"说话算话"作为广义信用的释义;将"说话算话"作为涉及货币定量关系往来的经济信用的释义,也未尝不可,因为这基本不会产生大的歧义和误解。在现代经济社会中,一般认为,信用是与商品交换和货币流通紧密相连的一个经济概念,指经济交易的一方在承诺未来偿还的前提下,另一方向其提供商品和服务的行为②。

我们先不专门讨论信用的重要性,留给大家从自己认知的角度去理解和概括。仅从信用的复杂性及其众多含义,涉及生活的方方面面,便可以看出它有多么重要了。

关于诚信的成语

一诺千金:许下的一个诺言有千金的价值。比喻说话算数,极有信用。

言必信,行必果:说了就一定守信用,做事一定办到。

背义负信:指背弃道义,不守信用。

寡信轻诺:轻易答应人家要求的,一定很少守信用。

履信思顺:笃守信用,思念和顺。

弃义倍信:背离信义。谓不讲道义,不守信用。倍,通"背"。

轻言寡信:谓说话轻率而缺少信用。

始终不渝:自始至终一直不变。指守信用。

贪而无信:贪婪而又不守信用。汉·应劭《鲜卑胡市议》:"以为鲜卑隔在漠北,犬羊为群,无君长帅庐落之居,又其天性,贪而无信。"

信守不渝:坚守信用不变。

始终不易:自始至终一直不变。指守信用。

士为知己者死:指甘愿为赏识自己、栽培自己的人献身。

百约百叛:多次订约,多次背叛。形容毫无信用。

---

① 信用中国. 地方信用立法的探索模式研究 [EB/OL]. (2021-08-10) [2023-03-10]. https://xyhz.huizhou.gov.cn/NEWXYDTDETAIL/b4d6e79be11842bc88d5f3a5ca4598d9/.html.

② 信用中国. 什么是信用? [EB/OL]. (2017-04-06) [2023-03-10]. https://credit.hnloudi.gov.cn/130/5132.html.

啮血沁骨：形容极端诚信。

修辞立诚：原指整顿文教，树立诚信，后多用以指撰文要表达作者的真实意图，不可作虚饰浮文。

不轻然诺：形容人守信用。

背信弃义：违背诺言，不讲道义。

季路一言：比喻信用极好。

季布一诺：季布，人名，很讲信用，从不食言；季布的承诺；比喻极有信用，不食言。

讲信修睦：人与人之间，国与国之间，讲究信用，谋求和睦。

轻诺寡信：轻易答应人家要求的，一定很少守信用。

人而无信，不知其可：一个人不讲信用，真不知道怎么能行。指人不讲信用是不行的。

食言而肥：指不守信用，只图自己占便宜。

言而无信：说话不算数，没有信用。

信及豚鱼：信用及于小猪和鱼那样微贱的东西。比喻信用非常好。

言而有信：说话靠得住，有信用。

资料来源：http://credit.shaanxi.gov.cn/394.news.detail.dhtml？news_id=231010.

第三节　信用的主要特征

我们取现代汉语词典对"信用"的解释——"能够履行跟人约定的事情而取得的信任"，作为广义信用的定义，我们来细看一下把信用与其他概念区分开来的特征。

一、承诺

承诺，即"跟人约定的事情"，是信用的第一特征，是人与人之间事先明明白白同意的事情，不论是白纸黑字签字的，还是口头的。当然最好是签字的，而不仅仅是口头的，这才更正式、更不易变，别人才好参与仲裁，才有其应有的约束机制。现在，传统纸质签字和电子签名，都是合法的承诺。

一方面，我们要维护好签字的、正式的、重要的契约信用，它们是组织生产生活的主要依据；另一方面，我们也要认真对待更大量的口头约定的信用。从承诺义务人的角度和相关主体如何对待别人的承诺及其调整的角度上，我们都要经营维护好口头承诺信用。两者与我们的生活关系极大，都在深刻地影响着我们的幸福指数。

进一步正确理解这个特征，信用关系中的承诺，都是当事人双方或多方之间的共同约定承诺，是有来有往的价值运动的承诺。单向的、有来无往的价值运动形式，一般都不称为信用了，如税收、捐赠等。信用的这个第一特征，是判断一个事物/交易/

关系是否是信用的最简洁方法。

从法律的角度看，还要求契约信用关系中的承诺是合法的，这是合法仲裁机构介入保护信用关系的前提。合法的承诺或约定，一定是真实的意愿，未受胁迫、强迫的真实意思表达，这是司法审查合同约定的重要内容。这一点，是法律法规与合约本质上的不同。如果法院裁定合同约定事项是违法的，包括约定是受胁迫的、不是真实意愿的表达，则司法不会提供保护。但是在现实生活中，的确仍然存在未经法院裁判、未必合法的约定，只要是当事人之间的真实意愿、相互认可，则建立在这样约定承诺基础上的信用关系也是真实的，也是客观存在，也应遵循诚实守信原则。它们一般也是当事人互利共赢的，是否有害社会和他人要具体分析。

二、承诺的实现

承诺的实现，即"能够履行"，是信用的第二个重要特征，指的是说过的话、做出的承诺要能够兑现。季布"一诺千金"的故事，重点讲的就是能够兑现的承诺。承诺如果不能兑现，则可以说是一文不值，那是瞎吹牛，是不守信、不讲信用。

前面提到可分为签字的、有可信证据的正式契约和仅有口头的且无录音等证据的非正式私下约定这两大类信用，其承诺的实现机制有很大的不同。换言之，需要强调的是，应当事人请求，可由仲裁机构介入，即社会资源参与保护的信用关系，只能是前者；后者只能靠信用关系当事人之间的约束来保障，因此其保障机制要弱得多。这就是为什么说，正式的合法契约是社会需要着力维护的信用底线。

承诺的实现，这个信用的重要特征，即承诺能否兑现，就引入了信用的一个永恒的主题——信用的风险，或者说承诺能否兑现的不确定性。实现承诺，特别是重大承诺，不是件容易的事，其常常是复杂的，甚至是困难的。这就是为什么在信用这个主题中有许多内容，特别是防控、管理信用风险，是需要我们花力气去研究、学习的。

关于如何认识和管理信用风险，这里我们扼要地讨论一下有关影响信用风险的因素的一个重要规律性结论。

【信用规律之一（风险因素规律）】信用风险的两大决定因素是信用主体的履约能力和履约意愿。相对来说，履约能力更重要、更基础，但这并不是说履约意愿不重要，这也是守信必不可少的。这两个因素还是相互影响的。

这个规律把影响、决定信用风险的各种因素，简要概括为：一是信用能力，二是主观意愿。这是两个直接影响信用风险度（水平）的综合性因素。其他因素，比如：人们经常提到的信用主体的体制类型、收入水平、拥有财产的水平，经济环境、经济周期性波动、法治环境，个人的年龄及其家庭背景，企业的财务状况、所属行业、市场地位、主要产品周期，等等，都是通过影响这两个概括性综合因素而影响信用风险的。

根据这个规律，可以更深入地研究失信违约的规律。我们可以观察到，失信违约是客观存在的。虽然失信违约原因多种多样，表现形式也多种多样，但也是有规律可循的。从主客观因素分析，失信违约发生无非影响信用的主客观因素导致的。客观因素，又可区分为个体能力和不可抗拒力。主观因素，主要可归结为利益失衡的影响。

随着社会规则治理和技术进步，对信用主观违约的约束趋势是加强的。例如此前提到的"诚信建设"，包括政务诚信、商务诚信、社会诚信和司法公信四个核心部分。其中，商务诚信和社会诚信主要针对私权力主体，而政务诚信与司法公信则涉及公权力主体的依法依规履职状态。

上述因素，影响信用风险的程度、影响机理各不相同，它们之间还相互影响。根据反映这些因素的指标数据的可得性，采用何种方法及模型，来分析评估各种因素对信用风险度的影响，是一件很专业且困难的事情。但这又是在市场经济体制条件下，管理信用风险必须要做并要尽量做好的一件事。后面我们将会讨论到，征信服务业的出现，对信用风险度的评估有了很大的进步，但是其仍然是一件很专业且困难的事情。

总之，承诺及其实现，是信用的两个主要特征，缺一不可。对它们的深入研究，将构成信用研究的主要内容。

三、信用的其他特征

进一步分析，其实信用还有其他一些特征，比如时间要素或时间间隔，以及主体是人或人组成的组织。

在信用的定义或前述两个主要特征中，隐含了一层意思，就是约定事项的实现是有时间要素或时间间隔的。如没有时间要素或时间间隔，一切当面当时谈妥，当面实现或即时交付，就没有必要事先约定；只有明确了时间要素或有时间间隔，才存在信用。因此，在信用中，约定或同意的事项，是事先的，到实现是存在时间间隔的，而且这个时间要素或时间间隔一般也是事先明确约定的，正式的、书面的信用都是有时间约定的、有时限的。可以说，如果没有明确的时间约定或承诺，信用就是还没有成立和生效的、指望其履约执行是不靠谱的（只有少数例外的情形）。

有明确时间约定的，守信就应尽力严格遵守。元末明初大家宋濂还书的故事和"陈太丘与友期行"的故事，讲的都是这个道理，都突出表现了时间因素在信用中的重要性。当然，在宽松的信用关系中，也有约定义务实现的时间不确定、有宽限空间的；但这也是有时间间隔的，只是间隔时间不固定、有弹性。

这就是信用的第三个特征——时间要素或时间间隔。

【信用规律之二（时间因素规律）】：信用风险因时间间隔特征而产生，并且在信用关系中的时间间隔越长，则风险越大。

信用关系中的主体是人或人组成的组织，是信用的第四个特征。从严谨的法律角度讲，这里人或人组成的组织还要是能够承担民事责任的主体，例如企业法人等机构组织。这个信用的第四个特征，指的是在信用关系中需要负责履行事先约定义务的主体。在一些重要的信用中，常常履行信用义务的主体是允许安排约定主体转换、代偿信用义务的。这就涉及在复杂的信用关系中含有担保/保险信用结构的信用了，我们后面还会谈及。

认识主要特征以外的其他特征，也是深入认识事物的需要。当然，你也可以认为时间间隔和主体是人或人组成的组织这两个特征，是隐含在前述两个主要特征中的派生的特征。

四、区分经济信用与诚信

关于信用的特征，我们需要区分经济信用与诚信两个概念。

中国大百科全书把信用解释为：借贷活动，以偿还为条件的价值运动的特殊形式。从这个定义的后半句看，这里的"借贷活动"显然应理解为广义的借贷，包括商务活动中的实质性借贷。这是关于经济信用的一种定义。在现代汉语词典对"广义信用"的定义——"能够履行跟人约定的事情而取得的信任"中，如果"约定的事情"是带有货币计量的价值往来关系，那就是指经济信用了。

经济信用是可以用货币计量的价值往来关系、活动、交易。这就出现了经济信用的一个重要特征——是可以用货币计量的价值往来，即有货币可计量的定量关系。这是理解经济信用，把广义信用中的其他信用（诚信）与经济信用区分开来的主要特征。这个特征，简言之就是有货币计量，是价值定量的往来关系。

如果我们把前述广义信用的主要特征浓缩为"契约"，那么经济信用的主要特征可以简洁表述为：契约+货币计量。这两个特征中的任何一个不满足，都不能称之为经济信用；只有两个特征同时满足，才能称之为经济信用；只符合第一个特征（契约，即承诺加承诺的实现），而没有第二个特征（货币计量），则是道德层面的信用即诚信；两个特征都不符合，就不能称之为信用。

信用虽然是广泛存在的复杂的社会概念、关系和活动，但通过其主要特征，我们还是可以比较准确、没有大的歧义地认识和把握这一概念及其本质的。比如，经济信用的本质就是某种可以用货币计量其往来活动的契约关系。

第四节　经济信用与诚信的关系

这里讨论的诚信（integrity）是指狭义的诚信，即广义信用中除经济信用以外、难以用货币定量计量、仅指道德层面的信用/诚信关系。

两者之间的关系，至少有两点可以总结：

诚信是建立经济信用关系必不可少的基础。诚信，是道德理念和社会文化对人们精神和心理的基本要求，是人类生存发展过程中朴素的本性需要，是维系社会主体的基本道德准则和文化底线。诚信不仅是对个人修身养性、道德涵养的基本要求，更是现代市场经济、信用经济健康可持续发展、社会和谐稳定的根基。当事人建立经济信用关系的主观愿望，应该都是希望日后能够正常履约的，而这取决于诚信和履约守信能力。如果你判断对方缺乏诚信，连守信的主观意愿都没有，那就最好不要去建立经济信用关系。法律也是这样要求的。

经济信用环境应是诚信环境的底线。这是从难易务实的角度，判断在整个信用建设中哪一项工作该被优先推进。如果我们连定量的、更易于判断和推进的经济信用环境（也相当于信用关系中的经济基础）都做不好，那最好就不要去高调奢谈诚信环境的建设和改善。良好的经济信用环境这个底线守好了，老百姓才会相信政府抓诚信建设的意图是真实的；客观上，让这个守好的底线去积极影响社会诚信环境的改善。

"诚者，天之道也；思诚者，人之道也。"人无信不立，企业和企业家更是如此。社会主义市场经济是信用经济、法治经济。企业家要同方方面面打交道，调动人、财、物等各种资源，没有诚信寸步难行。由于种种原因，一些企业在经营活动中还存在不少不讲诚信甚至违规违法的现象。法治意识、契约精神、守约观念是现代经济活动的重要意识规范，也是信用经济、法治经济的重要要求。

基于此，我国社会信用体系建设的顶层设计重点包含了两个方面的内容：一是诚信体系建设。诚信体系涉及社会各行各业和全体社会成员，当前各部门、各地方的所谓"信用建设"，实际是诚信体系建设的具体表现。二是征信体系建设，即作为基础性的制度安排。征信体系虽主要活动于金融领域，但征信中的信息提供者、信息使用者和被征信者，遍布社会经济的各行各业，具有广泛的社会性和开放性。

第五节　讲信用的目的

经济学原理告诉我们，人的行为具有目的性。建立信用关系的直接目的是互利共赢。我们应努力让信用关系的约定事项都能够实现，从而达到互利共赢的目的，让生活更美好。

一、从信用本身看

讨论学习一门学科，通常在明确了概念以后，都要知道其目的。学习信用科学的直接目的，是讲信用。那么，讲信用的目的呢？可能会有很多不同的概括。我们都有很多体会，与讲信用的人交往会感觉很放心、舒服、幸福指数高。

为了让生活更美好！当然是为了让人民生活更美好！显然也是"讲信用的目的"的最恰当概括，亦即信用的终极目的。

实际上，人类自从原始社会一路走来，迄今我们应该充分认识到，我们作为社会的人与其他人在一起组成或大或小的社会组织单位，通过一起合作互助付出劳动、从事经济活动，不断让生活过得更好、更幸福，所依靠的主要社会关系和实现的主要途径，就是信用和讲信用！信用是一种对社会经济活动具有最广泛和最直接影响的生产关系，属于经济基础；诚信则是意识形态、道德伦理和价值秩序中最重要的上层建筑。这是我们在当今的百年未有之大变局中，要"讲信用"——努力维护信用机制、不断完善信用建设的根本原因。

2022 年 3 月，因为制裁俄罗斯，欧洲的天然气价格出现了暴涨，价格比中国贵了十几倍：一立方 3 元钱人民币和一立方 40 元钱人民币的差距。目前，中国 GDP 总量虽居世界第二位，但人均 GDP 只有 1.13 万美元，远落后于欧洲，大约是德国的 1/4。欧洲的天然气价格比中国贵一倍，欧洲老百姓是可以承受的，但贵十几倍，那肯定承受不起。欧洲老百姓怨声载道，政府只能拿出财政资金对天然气进行大额补贴，但依靠政府补贴并不是长久之计。而中国在此前，一是由于全面战略协作伙伴关系定位，支撑中俄建立了中国从俄罗斯长期、大量进口天然气的价格相对稳定的贸易合同关系；二是为解决中美贸易失衡问题，中方与美方在第一阶段贸易协定中签订了购买大量美国天然气的贸易协定，且价格略低于欧洲从美国进口的价格。这样，中国就在这纷乱的世界中、在中期的时间里，反而建立起了充裕稳定的天然气供给存储机制。在以上特殊背景下，中国决定大量向欧洲转出口天然气。据彭博社报道，中石化已经在欧洲市场投标成功，拿下了至少3批天然气销售合同，正在准备按照合约把天然气在夏季之前运送到欧洲。

政府采购、国企采购，可属于真正的公共信用。在上述例子中，中国在国际上很讲信用，国际贸易伙伴也讲信用，当然也伴随国力上升等因素，使中国和气生财"意外"赚钱了。

此事让人们真切地看到，和气生财，信用真的很值钱！信用是针对这个社会大多数矛盾冲突的、互利妥协共赢解决方案的、最重要的共同价值；讲信用才能让生活更美好！

"人民对美好生活的向往，就是我们的奋斗目标。"因此，信用科学是一门重要的社会科学，应由一系列的课程组成；而"讲信用，是为了让生活更美好！"应该是信用的第一原理。这个原理与人的行为是有目的的经济学原理是相通的，因为信用活动是最主要的经济活动。实际上加上诚信的广义信用，作为既包含经济基础又含有道德伦理的上层建筑，讲信用虽然不是人与人打交道的社会生活的全部，但是是人与人之间相互影响的、社会科学中最重要的概念；讲信用不仅影响物质生活，也影响精神生活，对人们追求美好生活的影响之大，怎么估计也不会过高。

怎么有利于更好地实现"讲信用"及其目的，自然是本书的主题。在当前中国国情条件下，特别需要避免不切实际的高调和强词夺理的歪调，实事求是地认识和尊重信用规律，尤其是若干基本原理。

二、从更广阔的视角看

实际上，在前面的第一个信用专题评论中，我们讨论到的"法治，市场机制和道德三者组成的激励约束机制组合和其中的市场机制主要由信用机制组成"可能已是迄今观察信用的最广阔视角。

再提供一个超出经济信用的视角。后面，我们会讨论到，经济信用是由借贷型、保障型和投资型三大类信用及其变相或混合型的价值往来（关系）组成的。但在社会经济生活中，还有一些其他类型的价值运动（关系），如慈善、捐赠、强制税收、法院或行政判定的罚金、遗产继承等，只是人们从其性质和习惯上，不把它们归入信用。

在所有的价值往来（关系）中，分析比较起来，经济信用显然是最大量和最重要的。首先，税收及其财政二次分配活动，是以信用关系为主要机制组织起来的经济活动、财富创造活动为基础的。其次，除了信用和税收以外，其他的价值运动方式如慈善、捐赠、法院或行政判定的罚金、遗产继承等，虽然都有很有意义的社会经济功能，但它们的数量占比是很小的。

信用是重要的社会科学概念。纵观历史，为了面向更好的未来，我们需要建立更好、能更通俗地为广大人民群众应用的社会问题分析框架：笔者在本书中将人类社会群体划分为公权力部门、资本集团和人民群众三大类群体主体，分析信用也要像分析社会一样，实事求是地在这个重要分类的基础上，注意观察三类主体的表现和作用，重点建立起对两类强势主体——公权力部门和资本集团——的文明公开的监督机制，使得体制机制的完善、利益调整能够不断地朝着有利于在现实生活中弱势的第三类主体人民群众利益的方向发展。这是一个体现人民至上执政理念的有关社会问题的基本分析方法。

信用与法治还是两种不同形式的民主机制，是现代社会文明治理的两大支柱，也是现代民主政治最重要的两大内容。法治理论上是多数人意志的民主；信用是在法律面前人人平等的基础上，社会对信用主体的真实意愿和承诺给予尊重和保护的机制，也是一种重要的民主形式和机制。其中，经济信用便是体现经济民主的一种重要形式和机制。

这些更广阔的视角，可以帮助我们对"讲信用，是为了让生活更美好！"有更好的理解。

思考题

（1）广义信用的两个主要特征是什么？你对这两个信用特征有怎样的思考？

（2）信用风险规律指出的两个直接影响信用风险水平的综合性因素是什么？你对这两个信用风险因素有怎样的思考？

（3）在即期支付的商品交易中，如果消费者（商品购买人）后期对商品质量不满意，并因此与商品生产者或出售人产生争议，那么你认为这种争议是属于商品质量争议，还是商务信用争议，或是混合性争议？并阐述你的理由。

（4）区分经济信用与其他信用（诚信）的特征是什么？你对这个特征有怎样的认识思考？两者之间有怎样的相互关系？

（5）我国信用研究工作可以从哪些方面入手？

（6）如何理解信用的第一原理？

第二章

信用概念（二）

　　我国社会存在对信用理解的偏差，特别是对泛化、异化信用的理解偏差。如果我们不能彻底批判和摒弃泛化、异化信用，长此以往，不仅将严重阻碍贯彻多个国家战略和方针政策，包括"一带一路"倡议和人类命运共同体建设，还将破坏信用这个社会基础通用语言，其危害将是巨大和深远的。

　　泛化信用是国内当前理解信用的第一大偏差。泛化信用是指把社会主体在社会和经济活动中遵守法律法规的状态（简称"守法状态"）归入"信用""公共信用"或"社会信用"的现象。泛化信用是对信用的异化和绑架，因此也有人称之为异化信用，或利用、绑架信用。

　　在社会信用体系建设的第一阶段（2014—2020年），各地在推行社会信用体系建设的过程中，出现了许多泛化、异化信用的做法，主要表现为以下几种情况：第一，扩大失信行为认定范围，忽略实际情况，随意将社会信用管理机制运用于社会治理之中。比如日常生活方面，某市的交通主管部门把逃费、占座、列车上进食、推销营销、大声播放视频音乐五种不文明乘车行为纳入个人信用不良记录①（在《公共信用信息基础目录2021》中，闯红灯被禁止纳入信息范围）。除此之外，2019年11月，国家卫健委、中国人民银行、银保监会等接连下文，将无偿献血和ETC欠费，分别作为"加减分项"纳入征信②；新型冠状病毒感染疫情期间，多地先后为防疫立法，并且明确个人有隐瞒病史、重点地区旅行史、与患者或疑似患者接触史、逃避隔离医学观察等行为，有关部门将其失信信息依法归集到当地公共信用信息平台③；信用奖惩方面，某县推出政策，获得信用加分可优先低保评选等④，但信用和贫困二者并无本质上的联系。可

　　① 北京市人民政府网站. 北京市交通委员会关于对轨道交通不文明乘车行为记录个人信用不良信息的实施意见 [EB/OL]. (2019-05-16) [2023-03-10]. http://www.gov.cn/xinwen/2019-05/16/content_5392124.htm.
　　② 信用中国. 信用惩戒泛化乱象调查：失信行为"箩筐化"之忧 [EB/OL]. (2020-07-14) [2023-03-10]. https://www.creditchina.gov.cn/xinyongyanjiu/xinyongyanjiuhuicui/202007/t20200714_202953.html.
　　③ 信用中国. 多地立法明确：隐瞒病情等失信行为将纳入公共信用信息平台 [EB/OL]. (2020-02-13) [2023-03-10]. https://www.creditchina.gov.cn/home/xinyongdongtaituijian/202002/t20200212_184649.html.
　　④ 人民网. 漩涡中的睢宁县政府版征信 [EB/OL]. (2014-07-02) [2023-03-10]. http://politics.people.com.cn/n/2014/0702/c1001-25226356.html.

见，泛化信用的形势堪忧。第二，信用建设"创新"举措中的泛化和异化。各地方政府为了创新推出各式各样的信用分，但"政策创新"不够慎重，解读社会信用建设存在随意性。某些信用分通过量化市民的社会表现，不仅与教育、公共服务、消费、就业等社会行为挂钩，还应用到了金融领域，在一定程度上打破了社会信用体系和征信系统的界限。

信用制度虽然能够在一定程度上约束人的行为，但是并不能包治百病，滥用信用会使得其效力锐减，因此我们必须树立信用管理机制的正确理念。

另一种理解信用的偏差，是指以为金融信用就是信用的全部的倾向或现象。有一些人谈信用问题时，似乎只有金融信用，只关注金融风险，看不到仍然存在的大量非金融的商务信用及其问题。这种现象主要存在于财经金融界。但事实上商务信用的重要性日益凸显。在实践层面，商务信用是"大商务、全领域"的信用，存在于各行各业和国内贸易、对外贸易、服务贸易、外商投资、对外投资合作等领域；健康的商务信用有利于营造良好的消费环境和营商环境，提高商务服务的质量。全社会需要更加重视商务信用，商务信用和金融信用一样，都是社会信用体系建设中的重要组成部分。

两种对信用认识和理解的偏差，当其成为较普遍的现象时，都是有害的。尤其是第一种泛化、异化信用的危害更大。

关于第一种理解偏差的危害，从国内视角看，泛化信用有碍于国家治理的改善，不利于畅通国内大循环。政府借助加强信用监管的方法，来规范原本看似与信用无关但长期难以有效治理的社会难题，出发点有其合理性。但是，所谓的"失信惩戒措施"，首先，其核心概念"失信"错位，并不是针对真正的信用失信违约行为；其次，毕竟与公法上的"行政处罚法定""一事不再罚""比例原则""正当程序"等基本文明法治规范存在矛盾。因此，实践中的"高效率"是以突破"政府—市场"合理边界为代价去修饰与掩盖公共部门现时执法能力的欠缺与执法资源的不足，在一定程度上是"懒政"的表现①。

泛化信用形成的主要原因是有扩权冲动和较大话语权部门的推动。其他原因还有：部分知识分子沉默失声，社会大众的误解；避免决策失误的制约机制薄弱；在多数情形下被认定为失信会比被认定为违法违规有更强的信誉伤害感。

国内助长泛化信用的理论，主要有两个：三维信用论和法规公约论，但二者均存在弊端。其中，三维信用论的谬误之一，是偷换概念；谬误之二，是混淆了法规和契约两类不同性质的约束规则。总的来说，国际上尚未出现类似把"合规度"纳入信用的理论和实践，泛化信用并不存在历史合理性。

总的来说，泛化信用的机制和效果包含以下多方面的重大不利：

第一，总体上并不会有利于加强和改善法治建设。主要原因有以下几点：一是便于行政执法部门推脱监管责任，二是市场主体心中并不服，三是弱化遵循法治规律，四是不符合加强改善法治和治国理政的方向。

---

① 南财快评. 信用惩戒泛化是一种权力失序行为［EB/OL］.（2019-08-16）［2023-03-10］. https://guba.east-money.com/news,gssz,871339291.html? jumph5 = 1.

第二，显然不利于改善真正的信用环境。究其原因，一是泛化信用不是信用，二是对真正的信用建设并无帮助。

第三，泛化信用还是对"信用是人类基础通用语言"的破坏。

从国际视角看，泛化信用不利于实现国内国际双循环。从微观企业视角来看，泛化信用不利于新发展格局下企业的引进来与走出去。征信是国际的通用语言，而"社会信用体系建设"则带有中国特色，泛化信用将会模糊社会信用体系建设中征信与诚信的界限。这一方面不利于国外企业认同中国的征信市场，从而不利于营造良好的营商市场、吸引外资；另一方面，泛化信用不利于提升本土征信机构的国际话语权。从宏观视角来看，泛化信用不利于我国征信业的国际交流。国际征信市场已经发展得较为专业、成熟，并且普遍认同信用信息只能用于信用评估目的，不能用于其他目的的原则，而泛化信用在很大程度上有悖于国际标准。

第二种理解信用偏差的危害主要体现在以下三个方面。第一，必然导致对非金融的商务信用乃至整个经济信用的研究和规律的认识不足。第二，助长金融信用对信用的垄断，反而难以实现普惠金融。第三，以为金融信用风险就是经济信用的全部或主体，不利于商务信用乃至整个经济信用的风险防控和健康发展，不利于实体经济特别是中小企业的发展。近年公司债信用风险的积聚暴露便是明显的警示。

在社会信用体系建设的新阶段①，如何避免信用这个重要概念的基础性偏差从而引起信用建设的方向性偏差，尤其是纠正泛化信用的偏差，是一项重要命题。以下几个方面可作为今后努力的方向，以完善我国的社会信用制度体系。

第一，进一步厘清实施信用手段的边界，理解信用与文明道德的边界、政府与市场的边界以及两套并行的征信系统之间的边界。② 行政机关将特定行为纳入公共信用信息或者运用失信惩戒措施时，必须严格以党中央、国务院文件为依据，以法律、法规为依据。

第二，充分保障征信行业/征信机构的独立性。当前我国征信机构与利益相关方联系密切，并不利于中国征信业的长远发展。只有独立第三方开展征信服务才具有公正性和公信力。因此，我国应该借鉴国外征信机构的发展模式，建立一批具有国际影响力的征信机构，扩大国际交流。

第三，保护庞大的个人隐私数据，审慎行使相关权利，处理好征信服务需要与个人隐私权利冲突的问题。随着我国信用体系的建设，为了能够更好地反映个人信用状况，建立信用信息数据库，征信机构将会尽可能地收集个人的基本信息，同时，为了打破信息孤岛，信息共享也会加速信用信息的流转。因此，为了避免市场化机构为了追逐经济利益损害个人隐私，亟须相关的法律法规规范收集信息的界限和权利。

---

① 2022年3月29日，中共中央办公厅 国务院办公厅印发《关于推进社会信用体系建设高质量发展促进形成新发展格局的意见》。这是继《社会信用体系建设规划纲要（2014—2020）》收官后，在"十四五"开局乃至更长时期社会信用体系建设的又一重要顶层设计，是我国社会信用体系建设的新里程碑。

② 张力雄. 公共政策合法性视角下我国信用建设泛化问题研究［D］. 北京外国语大学, 2021. DOI: 10.26962/d. cnki. gbjwu. 2021.000462.

《关于进一步完善失信约束制度构建诚信建设长效机制的指导意见》

（国办发〔2020〕49号）

（一）明确界定公共信用信息范围。将行政机关及法律、法规授权的具有管理公共事务职能的组织等（以下统称行政机关）掌握的特定行为信息纳入公共信用信息，必须严格以法律、法规或者党中央、国务院政策文件为依据，并实行目录制管理。

（二）严格规范失信行为认定依据。行政机关认定失信行为必须以具有法律效力的文书为依据。可认定失信行为的依据包括：生效的司法裁判文书和仲裁文书、行政处罚和行政裁决等行政行为决定文书，以及法律、法规或者党中央、国务院政策文件规定可作为失信行为认定依据的其他文书。行政机关认定失信行为后应当如实记录失信信息。

（十四）加大个人隐私保护力度。各地区、各有关部门应当遵循合法、正当、必要、最小化原则，严格按照公共信用信息目录收集使用个人信用信息，明示收集使用信息的目的、方式和范围并经本人同意，法律、法规另有规定的从其规定。禁止任何单位和个人未经授权、强制授权或一次授权终身收集使用个人信用信息。加大对非法获取、传播、利用以及泄露、篡改、毁损、窃取、出售个人信息等行为的查处力度。相关部门要对金融机构、征信机构、互联网企业、大数据企业、移动应用程序运营企业实施重点监管，严格规范其收集、存储、使用、加工、传输、提供和公开个人信息等行为。

资料来源：中国政府网

对泛化信用的批判，但还需要三点说明，以免误解：第一，反对泛化信用不是反对联合奖惩机制建设或把守法和守信放在一起做更综合的评价；第二，反对泛化信用也不是反对公共信用建设；第三，不搞泛化信用并不是不可以将少数有选择的司法执法信息放入信用报告。

信用与法治是经济基础和上层建筑的重要内容。信用与法治，契约与法律，都是不同的概念，但又有相互影响的密切关系，概括起来，就是互为基础支撑的关系：法律不同于契约；不守信，就很难守法；信用的前提是不能违反法，违法的"信用"自然不受法治保护；法治应给予社会信用强有力的支撑。

思考题

（1）如何理解泛化信用现象的本质？

（2）泛化信用形成的主要原因是什么？

（3）泛化信用的危害表现在哪些方面？

（4）对于泛化信用的现象，可以有哪些解决措施？

（5）如何看待现阶段各个地方政府推出的信用分？

（6）如何理解信用与法治的关系？

第三章

信用风险与信用建设

前两章阐述了信用的概念，并且正本清源排除了对信用的理解偏差和误解；本章进入信用的永恒主题——信用风险和长期任务——信用建设和信用管理。

本章放在涵盖最宽泛的"信用"或"诚信"概念的"总论"篇中，本应讨论的是包括经济信用和道德诚信的"信用风险与信用建设"问题，但实际上只是在讨论局限于经济信用领域的"信用风险与信用建设"问题，原因在于：在广义信用划分了经济信用和道德诚信这个重要的分类以后，虽然两者有着"主体承诺"这个共同特征，有着密切的相互影响和联系，但又有着巨大的区别和规律特点。因此，我们在讨论具体问题时常常不自觉地只照顾到一个信用领域的情况，这也可以说是我们的抽象概括能力不足造成的。专门针对道德诚信的信用建设主题，我们将主要在第三篇里作较为深入的讨论。

第一节　信用风险与信用管理

首先简要认识信用风险的概念。风险，是指发生损失或不幸（不好的事情）的可能性，是危险的来源。信用风险，则是指信用关系中的义务人未来发生任何类型的不能按约定承诺履行其义务（即违约/拖欠）的可能性。简言之，信用风险就是指信用履约的不确定性。对于经济信用、金融信用已经发生的违约或拖欠，我们称之为信用风险暴露或风险敞口。信用风险表现形式有违约风险、破产风险、降级风险以及信用状况变化的风险。有信用，就有风险。人与人之间约定建立了某种关系，未来会发生变化是大概率。我们既要相信人性的善、保持对美好生活的向往，但也不可太天真，对社会现实视而不见。

再来看信用管理。信用管理就是信用风险的管理，指的是如何预防和控制信用风险，换言之是指如何减少信用履约不确定性。从偏重功能的定义或描述，信用管理是识别、评估以及分析信用风险，并在此基础上运用经济、合理的方法综合性地处理信用风险的活动。从强调方法和技术的方面来定义和描述，信用管理是授信者对信用交易进行科学管理以控制信用风险的专门技术，或者说是授信方利用管理学的方法来解决信用交易中存在的风险问题。信用管理可作多种分类：按照信用的领域进行区分，便有金融信用管理、商务信用管理；按照信用的行业进行区分，便有工业信用管理、商业信用管理；按照宏微观等区分，便有宏观信用管理、微观信用管理、和行业地区信用管理等；对信用管理的功能、方法和技术等进行细分，便有征信管理或服务（信用档案或报告管理服务）、授信管理、账户控制管理、商账追收管理或服务、利用征信数据库开拓市场或推销信用支付工具、反欺诈服务等；按照信用的主体进行区分，便有国家信用管理、企业信用管理、金融机构信用管理以及消费者信用管理。

以下简要介绍不同主体的信用管理。

国家信用是以国家为主体按照信用原则所进行的一切信用活动。国家信用主要有两种形式：一是国家运用信用手段筹集资金，如发行公债，筹集资金形成财政债务收入；二是国家运用信用手段供应资金。国家信用能够筹集建设资金、弥补财政赤字，通过实行宏观调控、货币政策与财政政策协调配合。国家信用是社会信用体系的一部分，公权力主体信用管理是社会信用体系建设的基础。

企业进行信用管理是为了保持企业信用的健康状态。企业需对各类应收账款进行动态管理：监控客户应收账款的回收，对出现的问题及时处理；保持本企业适度的货币资金动性，以备各种及时支付。当客户无法偿还款项时，企业应当要求其提供担保，减少坏账损失的风险。从长期看，企业信用管理有利于提升客户的质量和保持本企业较高的信用水平。信用管理规范的企业，对资信状况良好的企业给予超过市场平均水平的信用额度和信用期；而对于资信状况较差的客户，则进行现款交易或给予较小的信用额度和较短的信用期。在有效良性的企业信用制度机制下，企业会拥有一个稳定守信的客户群，企业的形象也会得到很大提高。这是对企业的发展起到推动作用的长期有利因素。为了在市场竞争中保持不败地位，各类企业必须进行信用管理。

企业是否进行信用管理需要在采用信用政策所增加的盈利和由此所付出的代价之间进行权衡。企业信用管理的主要工作包括五个方面：客户资信调查、信用风险分析与评价、信用政策制定、应收账款管理、信用风险转移。信用管理中有两个重要概念，即信用额度与信用期限。企业能否合理科学地设定与管理好这两个指标，关系到信用交易的成功与失败。信用交易的结果是应收账款；应收账款是企业的流动资产也是现金流。所以，企业应收账款管理的实质是企业现金流的管理。但目前我国企业信用管理面临经济增速放缓、专业人才匮乏、重视不够等问题。我们知道，赊销额越大、赊销期越长，企业占用在应收账款上的资金所付出的代价越高；赊销可以促进销售，但占用在应收账款上的资金会因丧失其他投资机会而产生的机会成本，另外还可能增加坏账损失。

金融机构的信用管理，当然是指各类金融机构对其涉及的银证保各类金融业务的信用风险管理；但迄今对社会影响最大的尤其在我国，仍是商业银行的信用管理。商业银行的主要业务是将吸收来的存款发放给资金需求方，在贷款的贷前贷中贷后都存在着信用风险，因此商业银行需要对信用风险进行管理。首先，商业银行要对对手方进行信用风险的测度，结合定量和定性的方法，在此基础上制定针对客户的信用政策；其次，商业银行会对贷中和贷后进行管理，进行风险预防、补偿、规避、分散、转移或者进行主动管理，例如针对高风险的客户通过合理定价其贷款利息来进行风险补偿，在会计操作上从成本中列支用于抵御贷款风险的准备金的风险预防；也可以通过将贷款打包出售进行主动管理。商业银行对其贷款资产的信用风险管理水平，不仅会影响其自身的主体信用评估，而且会穿透影响其储户的存款信用风险。

消费者信用管理，又可以称为个人信用管理，指的是消费者利用自身的信用信息，分析、评估信用风险，进行个人的信用风险管理。目前第三方机构也可以帮助消费者管理信用信息，通过科学的评估方法，提供优质的服务，例如个人信用评分、个人征信报告等。个人信用管理服务按照提供个人信用管理服务的机构进行分类，包括征信机构提供的个人征信报告和金融机构等提供的个人信用评分服务。目前，我国的个人征信报告主要由中央银行征信中心提供，涵盖的主要是消费者个人在各类金融机构借贷信用的表现信息。金融机构提供的个人信用评分，主要应用于金融机构的个人消费信贷场景。目前在数字经济背景下，我国的消费者信用管理市场需求旺盛，未来具有巨大的发展空间。

第二节　信用建设的相关概念

一、信用建设的内涵

由于市场经济又可称为信用经济，因此社会信用体系建设（简称"信用建设"）本义就是一个近似市场经济体系建设的大概念。为便于理解和把握，我们先缩小到信用建设的主要内涵上。

信用建设，其主要内涵是指防控信用风险的工作。如果要说与市场经济体系建设的细微差异，可以说在防控信用风险的工作中，信用建设侧重那些可以帮助改善信用管理的制度性建设工作，特别是有利于防控宏观信用风险的制度性建设工作。

即便缩小到信用建设的主要内涵上，信用建设仍是一个争议很大、很复杂、难把握的概念。因此，反映到对信用建设工作范畴的把握上，虽然很多人参与研究，但也难免摇摆不定。目前信用建设由发展和改革委员会（简称"发展改革委"）和人民银行双牵头，但这个问题目前仍然无解。

在信用建设的工作中，在双牵头的部际联席会议制度机制下，由于各具体行业的信用建设工作都有主管部门在牵头做，而金融行业的信用建设工作又有金融管理部门（中央银行、银证保主管部门等）在管，其他为信用服务的基础设施建设工作也没找到好的抓手，因此发展改革委牵头主导的信用建设工作，实际上是在以"社会信用信息服务"的名义做相关工作。而信用信息服务业与征信服务业，在很大程度上又是重叠的。这就容易理解，为什么信用建设要双牵头了。

中央银行主管的征信业，我们把它作为为信用服务的一个重要基础设施，将在第六章信用基础设施中讨论，这里不赘言重复。

在发展改革委以"信用信息服务"名义推动做的相关工作中，最有积极意义的是推动统一多个部门给企业等组织机构多头编码的工作，做成了"统一社会信用代码"这个企业组织机构信息服务的基础工程。这极大地提高了采集和应用企业信息以及各部门之间共享企业信息的效率。这也是发展改革委牵头信用建设工作中最没有争议的。当然，这项信息基础工程的成功，也包含了相关部门如工商部门、质检部门和人民银行等部门的积极配合。其中，管企业注册登记的原工商（现市场管理）部门和负责编发组织机构代码的质检部门放弃部门利益、顾全大局的积极配合贡献，为人所熟知；而人民银行放弃继续编发已广泛推开的机构信用代码，则不大为局外人所知。

发展改革委以"信用信息服务"名义推动做的其他信用建设工作，最主要的是在各公共部门探索建立联合惩戒机制的基础上的发扬光大工作，包括推动建设地方征信（或信用）平台、地方信用评分、"信用中国"网站和地方信用立法甚至国家立法等。但遗憾的是，由于深陷泛化信用的泥潭难以自拔，人们对这些工作的成效评价差异很大、争议很多，前景也难以预料，这里不多置评。

二、信用建设的目的

在解决了概念、共同话语问题的基础上，这一讲先概要地讨论一下大家都关心的大题目，即我国的信用建设到底应该怎么做？当然，我们要先明确信用建设的目的是什么。如果没有排除泛化信用，那么讨论信用建设的目的并不容易。

在金融业内，一说到信用建设的目的，人们自然会想到就是要防控信用风险；尤其当我们讲的是金融信用、经济信用时，预防和控制信用风险，可能是很准确和专业的说法。但是，当我们说的是广义信用时，也许说信用建设的目的是减少不确定性，可能就是更通俗、更易于人们理解的说法。实际上，信用建设和信用管理的目的、减少不确定性与防控信用风险，说的是一回事。

在多大程度上达到和实现这个目的，对人们的生活和社会福祉影响较大。当你有一定的生活阅历，你会发现防范信用风险，控制不确定性，对生活和社会是多么的重要。例如：2020年10~12月间爆发的蛋壳公寓事件，就是一个很典型的信用违约事件。根据蛋壳公司的宣传资料，蛋壳公寓管理的房源超过40万间，用户超过100万。这意味着，这起信用违约事件，可能对上百万租户的生活造成了重大负面困扰。

在某种程度上，追求美好生活的过程，就是追求减少不确定性的过程。维护健康的信用关系，减少其中的不确定性。因此，信用建设的目的与第一讲提到的讲信用的最终目的是一致的。

蛋壳事件及其启示

2020 年国内有多家长租公寓公司相继"爆雷"，无一例外皆是因信用风险暴露、资金链断裂，其中在美国上市的蛋壳公寓最为典型。

长租公寓业务模式的核心是一套包括四方、由三个合约组成的信用关系：①长租公寓公司与房东签订长期租赁合同，获得房源成为二房东，租金是分期付款；②公寓公司与租户签订含房屋租赁和推荐合作银行租金贷的服务合同，而预付租金是按年支付（因有银行贷款支持）；③经长租公寓公司推荐，银行与租户和长租公寓公司签署按年付给的租金贷合约，租金贷资金进了公寓公司的账户，但租户负责分期还贷。

如果公寓运营商没有出现资金链断裂，这是一个不错的、主要借助于银行信贷支持、在房屋租赁市场的业务创新。可是，2020 年 10 月蛋壳公寓相继被曝出资金链断裂、跑路、破产等有真有假的消息，并因租户、房东等大规模维权，甚至有租户因被迫退房而走向极端，导致危机进一步升级。

后经多方努力，租客和房东接受了微众银行提出的解决方案——蛋壳公寓"租金贷"客户退租后，蛋壳公寓所欠客户的预付租金用于抵偿租户在微众银行的贷款，之后再由银行来结清该笔贷款——至 2020 年年底，蛋壳事件趋于平息。

该事件留下了很多值得重视的教训和启示：

一是业务创新蕴含的主要风险，值得重视。在这个事件中，主要风险来自于该新业务场景中长租公寓运营商的信用风险。值得重视这个教训的主要相关主体，是长租公寓公司和银行。双方事先预警、事中管理信用风险均缺乏足够的经验，包括没有考虑到疫情因素的极端影响。未来，其应重点从预防信用风险、增强抗风险包括极端影响风险能力机制建设和保护消费者权益方面着手，完善和维护信用关系。租户和房东，没有责任管理这个主要风险；有关监管当局在事中、事后的干预中只要及时、适当，也无可厚非。

二是垄断和资本的无序扩张，应适当抑制。长租公寓公司因有资本相助抬价、抢房源以及可能存在的垄断行为，造成房屋租赁市场一定程度的扭曲，加大了自身的经营压力，为资金紧张、抗风险能力降低和信用违约埋下了祸根。更不用说"断水断网，试图逼租户自己退租，以把违约责任推给租户"的违法性了。事件的主要责任方蛋壳公司留给市场的教训是沉重、深刻的。未来，金融科技公司特别是对已表现出明显垄断行为特征的强势者，预期监管将对其强化消费者权益保护、反垄断和抑制资本无序扩张等措施。但加强监管的措施力度要适度，社会还是高度肯定互联网科技公司在推进经济升级、打破传统金融垄断以及促进金融服务进步等方面的贡献。如何平衡处理好保护技术创新进步、引导资本更加注重履行社会责任，与反垄断反资本无序扩张之间存在的矛盾冲突，需要全社会特别是监管者的智慧。

三是媒体、房东和租户也有值得汲取的教训。媒体履行监督责任要以客观事实为依据，房东面对信用违约要依据合同合法维护自身利益，租户要增强维权意识和能力。

2020-01-02

注：作者根据相关资料自创。

当然，我们不能孤立、机械地理解这个目的。就是说，是否达成信用建设的目的，最终是要看能否从整体上增进社会福利。无论是微观上大量千差万别的单个信用关系，还是宏观上有系统性影响的地方、行业或重要机构的信用活动，当出现风险需要调整信用关系时，都要遵循这个目的。

因此，更准确、更好的表述应该是，信用建设的直接目的是减少不确定性，最终目的是增进社会福利。信用体系的制度机制，通过减少不确定性，同时兼顾相关主体的其他权益，有利于增进社会福祉。这就涉及如何把握既遵循"说话算话、借钱还钱，天经地义"的原则，又兼顾其他原则（如保障破产债务人的基本权利、人的尊严、生存权利、居住权利等等）之间的平衡。

三、信用建设的主要矛盾

当信用风险出现时，如何处理好其中的矛盾？如何调整信用关系？如何平衡把握好各方权益保护？一系列维护信用健康运行的制度安排，都要有利于实现这个最终目的。这就引出信用领域的主要矛盾。

【信用建设的主要矛盾】：减少信用履约的不确定性与信用当事人和相关群体其他权益的冲突和矛盾。

任何领域、行业及其学科，都有其主要矛盾。学习和理解主要矛盾，是掌握一门科学的一把钥匙。我国社会的主要矛盾是人民日益增长的美好生活需要和不平衡不充分的发展之间的矛盾。

信用建设的主要矛盾，也是信用活动、领域、风险和学科的主要矛盾。理解这个主要矛盾并不困难，困难的是如何把握好和处理好实际生活中暴露出的信用风险矛盾，因为这涉及利益的调整。减少信用履约的不确定性，是矛盾的一方面，其含义和要求似乎很明确，但要做到并不容易，因为它与矛盾的另一方面——其他信用当事人和相关群体的权益可能存在冲突。而在现实生活中，微观信用关系中当事人的合法权益和宏观信用风险影响社会群体的合法权益是多种多样的；合法又合情理地平衡把握好信用建设主要矛盾的两方面，并解决好实际信用问题并不容易。

以蛋壳公寓事件的解决方案为例。蛋壳公寓"租金贷"租户退租后，蛋壳公寓所欠租户的预付租金用于抵偿租户在微众银行的贷款，之后再由银行来结清该笔贷款。这个主要得益于微众银行一定程度的主动让利、承担风险和承担企业社会责任的行为和解决方案，使得至 2020 年年底蛋壳事件已基本平息。因蛋壳公司的违约和房东的不当行为，租户提出要同时解除与蛋壳和银行的租金贷合约信用关系时，如果银行机械地理解和处理它与租户之间的信用合约关系，如果微众银行和蛋壳公司不接受"用蛋壳公寓所欠客户的预付租金来抵偿客户在微众银行的贷款"这个解决方案，恐怕蛋壳事件的和解之路要漫长和艰难得多。而蛋壳公司和房东在事件爆发过程中存在的驱赶租户的不当甚至违法行为，显然是忽视了房客受法律保护的居住权。

毫不夸张地说，信用风险是决定我们生活福祉、美好向往的重要变量，也是我们正负面情绪的重要来源。通常，信用违约是担忧、焦虑、愤怒、痛苦等负面情绪的来源。但信用这个民事关系是千差万别和复杂的，有时候信用的违约未必就一定是坏事和一定会带来负面的情绪，有关当事人处理得好，也可能有温馨的故事发生。

第三节 如何搞好信用建设

回到我们前面提出的命题，我国的信用建设到底应该怎么做？

这些年来我国开展的信用体系建设既取得一定的成效，也还存在改进空间。相比于经济发达国家的信用建设水平，我国的信用体系建设仍有差距，建设成效的社会观感不及预期。这可能有多种原因，其中泛化信用的误导和干扰是一个重要因素。前一章，我们已经对此进行了深入批判，本章在剔除泛化信用的基础和条件下，来谈我国到底应该如何搞信用体系建设。

一、认识和学习信用规律

如何才能较好地达到和实现信用建设的目的？我们首先要认识和学习信用活动的规律，然后才谈得上在实际工作中遵循规律。

凡事都有规律，信用、信用风险和信用建设也是有规律可循的。迄今我们对信用规律已经有了一些认识，比如，在第一讲就讨论到的信用风险因素规律和时间因素规律。信用风险因素规律之一：影响信用风险的各种因素可以归结为——信用主体的履约能力和履约意愿——两大决定因素来观察和分析。时间因素规律说的是：信用风险因时间间隔而产生，并且在信用关系中的时间间隔越长，则风险越大。这里简要讨论信用规律之三。

【信用规律之三：底线规律，亦称两类信用关系规律】：在经济信用和诚信两类信用中，经济信用是底线，一定要守住守好，它对社会诚信有外延影响；反之，社会诚信环境也会对经济信用环境有很大影响，两类信用有明显差别，但它们是相辅相成的。

当前的中国经济信用和诚信两类信用问题中，中国社会的道德诚信问题突出导致人们集中关注诚信建设，反而对经济信用问题关注不够，这是本末倒置的。经济信用健康是底线，底线没有保障，何谈上层建筑的道德诚信。我们应遵循上述两大类信用关系规律，在当前中国的经济信用和诚信两类信用问题中，优先把经济信用这个底线守住守好，在这个过程中加上其他努力，逐步提高全社会的道德诚信水平，更有现实意义。

第二篇将会涉及更多的关于信用特别是信用风险的规律性内容，比如：

信用风险难以割裂规律指出：在经济信用中，金融信用风险和商务信用风险这两类信用风险是不可分割、难以阻隔的。

商务信用基础规律则进一步指出：在相互影响、难以割裂的两类经济信用中，商务信用是基础。

信用创造双刃剑规律指出：金融的信用创造机制具有两面性，既可以极大地促进信用活动的增长和财富的创造，也可能会积聚更高的信用风险。

金融审慎监管规律，则是从信用的角度指出了世界各国为什么都要对金融活动进行持牌审慎监管。

信用基础设施规律，则指出了为什么信用基础服务设施在防控信用交易风险中具有效率特别高的作用。

经济信用与诚信及其建设规律，既有共同之处，也有很大的不同。而诚信建设则有诚信教育越早越好规律和关键少数规律等。

人们还发现，金融信用甚至经济信用的风险是可以定价的，这对管理信用风险有很大帮助。我们对信用、信用风险和信用建设工作，按其特征进行深入的分类分析，便可以帮助我们认识更多的规律，深化我们的认识和理解。

认识学习信用规律特别是信用风险规律，是学习和研究信用科学的重要内容。大家在今后的学习钻研中，可以发现更多的信用规律。

二、我国信用建设的重要矛盾和问题

学习和认识了信用规律，只是搞好信用建设的基础和第一步。按规律办事，按理论逻辑自洽、被实践证明了的规律办事，是人类活动应遵循的重要原则。如何科学地而不是机械地按规律办事，是一门大学问。遵循信用规律办事也是这样。当知悉了信用科学的原理和规律，在信用风险矛盾出现时，如何综合、恰当地遵守契约、法律、伦理、公序良俗和信用原理和规律，来处理和解决矛盾，是对我们格局和智慧的真正考验。

信用建设要以问题为导向和抓住主要矛盾。主要矛盾是大量具体矛盾和问题的概括和抽象，需要在大量的具体矛盾和问题中识别突出矛盾和短板。抓住主要矛盾有利于抓住一个阶段的工作重点。目前我国信用建设中的主要短板，可以说是信用建设主要矛盾的突出表现。

按照这个思路，下面试图从当前我国信用领域的一些比较重要的矛盾和问题中，识别和认清、认准目前我国信用建设中的主要短板。一段时间以来，人们提出的信用领域、信用建设工作存在的比较重要的矛盾、问题和风险有：

（一）企业债券违约事件增多问题

根据中证鹏元统计，2022 年共有 247 只债券违约，涉及 67 家发行人，累计违约规模合计 1 600 亿元（见图 3-1）。2022 年债券违约主要来自新主体，新增债券和主体同比增长 28.6% 和 45.5%。从行业来看，违约债券主要集中在房地产行业，与去年同期相比，房地产行业新增违约主体同比增长 125%。从发行人来看，民营企业信用违约风险抬升，新增违约主体主要为民营企业占比为 77.1%。整体来看，2022 年信用风险集中在房地产行业，同时相关政策也集中在纾困地产企业，以展期和交换要约为主的债券打包重组，正在成为化解风险的主要方式。①

---

① 史晓姗. 聚焦地产，"爆雷"与"纾困"并行——2022 年债券市场违约、处置及展望（上）［EB/OL］.（2023-02-02）［2023-03-10］. https://mp.weixin.qq.com/s/xdTwg0HGB3hEWIeKqKzUFQ.

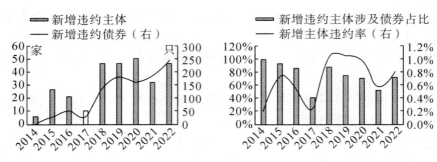

图 3-1 2014—2022 年企业债券违约情况统计

2020 年 11 月 21 日，刘鹤同志主持召开国务院金融稳定发展委员会（现已撤销，职责划入中央金融委员会办公室）第四十三次会议，研究规范债券市场发展、维护债券市场稳定工作。会议指出，"近期（企业债券）违约个案有所增加"，为此提出要"督促各类市场主体严格履行主体责任""依法严肃查处欺诈发行、虚假信息披露、恶意转移资产、挪用发行资金"等各类违法违规行为，严厉处罚各种"逃废债"行为等要求。

2022 年证监会为了切实维护债券市场秩序和信用环境，研究制定了《关于深化公司债券注册制改革的指导意见（征求意见稿）》（以下简称《指导意见》）。《指导意见》提出要完善全链条监管制度安排，要压实中介机构"看门人"责任，督促中介机构健全公司债券业务质量和执业风险控制机制，完善市场化、法治化、多元化的债券违约风险化解机制。证监会希望通过债券注册制维护债券市场良好生态，防范化解债券违约风险。[①]

显然，企业债券违约事件增多是目前我国信用领域中一个比较重要的问题。

（二）宏观杠杆率问题

宏观杠杆率指的是非金融企业部门、政府部门、住户部门的债务余额与国内生产总值之比，反映了债务性融资规模与经济发展的比例关系。宏观杠杆率可以衡量一国经济的稳定性，宏观杠杆率越高说明每年全社会的利息支付和本金偿付压力越大。

根据恒大研究院任泽平和浙江大学马家进的研究，2008 年全球金融危机之后，中国宏观杠杆率上升过快。我国宏观杠杆率从 2008 年 12 月的 141.3% 快速上升至 2017 年 6 月的 255.9%，不到 10 年的时间就从略高于巴西和印度等新兴市场经济体的水平跃升至美国和欧元区等发达经济体的水平。相比之下，同一时期美国仅从 240.1% 上升至 249.5%，欧元区仅从 231.8% 上升至 262.8%，巴西从 119.2% 上升至 143.7%，而印度则从 128.5% 下降至 124.0%。国家金融与发展实验室发布的《2021 年度中国杠杆率报告》显示，我国宏观杠杆率从 2019 年年末的 270.1% 降至 2020 年年末的 263.8%，全年杠杆率下降 6.3 个百分点。受疫情冲击，2020 年各国宏观杠杆率都经历显著攀升的过程，2021 年中国政府部门杠杆率涨幅远低于其他发达国家水平。根据《2022—2023 年中国货币金融形势分析》显示，2022 年第三季度宏观杠杆率从 273.1% 上升到

---

① 信用中国. 证监会：切实维护债券市场秩序和信用环境［EB/OL］.（2022-11-29）［2023-03-10］. http://credit.sc.gov.cn/xysc/c100002/202211/183030cf2d1a4900a87dc2ff07c83e51.shtml.

273.9%，上升了 0.8 个百分点，前三个季度上升了 10.1 个百分点，整体呈现前高后稳的趋势①。

从非金融部门（非金融企业、居民和政府）负债来看，我国宏观杠杆率增长，水平高主要来自非金融企业，如图 3-2 所示。

以上反映的是我国金融结构以高储蓄率、间接融资为主，还反映了国企承担社会公共职能、影子银行助推实体部门加杠杆、空转套利推高金融体系杠杆率等问题。针对这一问题，中国人民银行行长易纲在文章《再论中国金融资产结构及政策含义》② 中指出，须着力稳住宏观杠杆率，通过改革开放发展直接融资。

显然，宏观杠杆率过高反映了信贷信用腿长、而股权投资信用和保险信用腿短的金融结构不合理问题，这也是我国信用领域需要高度警惕的一个重大问题。

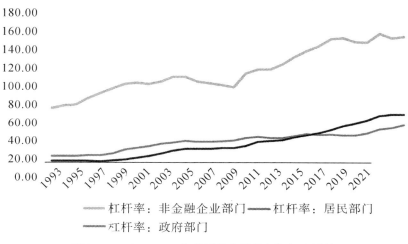

图 3-2　1993—2021 年我国非金融部门杠杆率统计

（数据来源：CEIC 数据库）

（三）互联网金融科技风险问题

互联网 P2P 借贷平台作为互联网金融科技的典型代表，最早兴起于美国。2007 年国内首家 P2P 网络借贷平台在上海成立，初始以信用借款为主；2011 年年底，以前活跃的平台还不到 10 家；2012—2013 年，平台以地域借款为主快速扩张；2013—2014 年，以自融高息为主的风险爆发，同时也是该行业野蛮生长的鼎盛时期；2016 年开始走下坡路；2018 年是爆雷年，大量平台跑路。

2014 年金融监管当局开始关注和介入，治理整顿政策态度几经调整。直至 2020 年 11 月官方宣布，全国运营的 P2P 网贷机构已完全归零。短短十年间，P2P 行业在中国留下一地鸡毛，前文提到的 2020 年的蛋壳爆雷和 2021 年媒体广泛报道的兰州特大"套路贷"案等等案例，人们损失惨重。互联网金融科技的风险问题给我们上了一次大课，并留下很多教训和疑问。

---

① 张晓晶，费兆奇，曹婧. 2022—2023 年中国货币金融形势分析［M］//谢伏瞻，蔡昉，高培勇，等. 经济蓝皮书：2023 年中国经济形势分析与预测. 北京：社会科学文献出版社，2022：136-158.

② 易纲. 再论中国金融资产结构及政策含义［J］. 经济研究，2020（3）.

兰州特大套路贷①

2019年3月，兰州警方打掉了一个特大"套路贷"犯罪集团，抓获嫌疑人253人，查封涉嫌非法放贷APP和网站1 317个。这个特大犯罪组织非法放贷金额累计达62.73亿元，获利28亿余元。"套路贷"最核心的套路就是只要借了钱就根本还不上，直到借贷者倾家荡产。

该犯罪组织频繁利用短信轰炸、曝光通讯录、P图侮辱等"软暴力"方式对受害人进行敲诈和胁迫，还安排人员对被害人进行当面威胁，"软暴力"随时变成线下的"硬暴力"。

2019年4月9日，在全国扫黑办的首次新闻发布会上，最高人民法院、最高人民检察院、公安部、司法部联合发布了关于办理"套路贷""软暴力"、恶势力刑事案件和财产处置等法律政策文件，明确规定了"套路贷"的司法定性，列举了"软暴力"违法犯罪手段的通常表现形式，确保扫黑除恶有法可依。

注：作者根据相关资料自创。

市场总结出的P2P行业从兴盛至没落的主要原因有：借鉴国外经验产生的异化模式、经营者投机取巧以信息中介之名行信用中介之实、法治体系对非主流信用的保护薄弱、投资者不成熟以及监管政策由鼓励到严苛的大幅摇摆等。

（四）中小微企业融资问题

中小企业融资难、融资贵是世界性难题，我国也不例外。大量中小微及民营企业在进行融资时面临审批难、时间长等问题，在社会信用资源的获取上依然远不如大企业，这是客观现实。显然，这也是一个信用难题，在我国仍然没有得到明显缓解，但我国要实现经济高质量发展，必须在解决这个难题上有更好的作为。

主要矛盾是大量具体矛盾的概括和抽象。以上这些比较重要的问题和风险，则是更具体的，还可以举出更多，例如刚性兑付问题、逃废债问题等。实际上，对比较重要的信用问题的认识，和从中是否可以比较得出数一数二的突出问题和风险，都可能见仁见智、难以形成共识。我们列出的以上比较重要的信用问题，以对经济有较大伤害为标准来选择。

三、我国信用建设的最大短板

我们根据我国信用建设的主要矛盾和问题进行的比较分析，试图总结出目前和今后一段时间我国信用建设的最大短板，供大家参考：我国信用建设的最大短板是商务信用基础薄弱问题。

为了讨论这个问题，我们需了解商务信用的概念。商务信用是指一个人或组织在其商务、交易活动中，商务主体之间主观上的诚实和客观上对自身承诺兑现的行为，是诚信和信誉状况的综合反映。商务信用也有广义和狭义之分：广义的商务信用近似

---

① 环球网. 兰州特大套路贷案曝光：89人自杀，39万人受害 [EB/OL]. （2021-03-28）[2023-03-10]. https://baijiahao.baidu.com/s? id=1695470948152221698&wfr=spider&for=pc.

于经济信用，包括金融信用和非金融信用；狭义的商务信用，是把它视作区别于金融信用的一个概念，在此定义下，经济信用＝金融信用＋商务信用。这里更多地使用狭义的释义，是把商务信用作为相对于金融信用的非金融的信用，即不通过金融中介、未使用标准金融工具的信用。

商务信用基础薄弱问题，也可称为商务信用风险问题或商务信用违约问题，是指在商务信用活动中导致信用违约风险的各种问题。例如，供应链中上下游企业之间的拖欠现象、各种商务合同违约的现象等，都是商务信用基础薄弱问题的表现。

前面列举的几个比较重要的信用问题，实际上都与商务信用风险问题密切相关。

例如，企业债券违约事件增多问题，一些人把这解释成主要是由货币供给不足及金融强监管带来的流动性紧缩、导致企业信贷资产恶化后的结果。这种解释是肤浅的，甚至是有害的。一个企业走到债券信用违约这一步，冰冻三尺非一日之寒，其商务信用早就不健康了。只是现在尚缺乏一种有效的机制将商务信用关系是否健康的信息及时集中地记录采集起来并披露给社会包括金融部门使用，以便实现全面及时的信用风险预防、识别、管控和化解。

再看地方政府债务风险问题，大多是来源于专项债的风险，其基础取决于专项债投资的项目在经济上是否可行。如果项目融资与收益是平衡合理的，项目业务是可持续的，即建设运行项目的主体商务信用是健康的，就不会给政府债务造成大的风险。

宏观杠杆率过高、金融结构不合理问题，说的虽然是金融信用结构性问题，担心银行信贷信用比重过高、集聚了社会难以承受的高风险，但基础还是取决于银行信贷信用供给是否与企业和经济发展的信用需求匹配，以及企业包括商务信用在内的整体信用是否健康。

而合法的互联网P2P借贷平台的信用风险，主要还是来自通过平台获得贷款的个人信用风险或由其担任法定代表人企业投资项目的风险。理论上，P2P网贷平台作为借贷信息中介，无须承担贷款信用风险，能集中精力加强数据运用和贷款模型开发，获得比较竞争优势。但实际上，前段时间被整顿取缔的国内P2P网贷平台，逐渐地突破了信息中介的定位，深度介入贷款信用风险的经营，为借款人的信用提供该平台所不具备的、不切实际的增信措施，进而危害平台正常经营。例如，提供信用期限转换服务，加剧平台资金"借短贷长"错配风险的积聚，导致平台资金链条过度绷紧；偏离小额融资方向，为大额资产提供类证券化的资产标的拆分服务，引发与传统贷款相同的贷款集中度风险；融资成本偏高，抵消了相对物理网点节约的经营优势，而且还容易成为社会非法集资的工具；偏离了信息中介定位，成为网上银行资金池，在"轻资本轻监管"条件下为平台老板跑路创造了条件。总之，互联网金融的风险，根源仍然是平台借款人的整体信用条件（包括其商务信用在内）是否健康。

可见，商务信用风险是所有比较重要的信用问题的基础和根源。因此有充分的理由判断，我国信用建设的最大短板是基础薄弱的商务信用。换言之也可以说，商务信用是我国经济信用安全的最大赤字。国内商务信用基础薄弱这个综合性的最大信用短板，与两类强势主体——公权力部门和大资本集团——商务信用的示范作用密切相关。而在短时期内建立起约束两类强势主体在信用关系中真正平等守信的制度机制，并不容易。

第四节　不同主体在信用建设中的作用

2013 年 11 月，《中共中央关于全面深化改革若干重大问题的决定》指出：经济体制改革是全面深化改革的重点，核心问题是处理好政府和市场的关系，使市场在资源配置中起决定性作用和更好发挥政府作用。市场决定资源配置是市场经济的一般规律，健全社会主义市场经济体制必须遵循这条规律，着力解决市场体系不完善、政府干预过多和监管不到位问题。由于信用机制是市场配置资源机制的重要内容，因此信用建设也应遵循这个指导思想，让市场在资源配置中发挥决定性作用以及让政府发挥更好的作用。在这个指导思想下，各类主体和机构均可以根据自身在信用关系中的角色和职能定位，发挥主观能动性，在信用建设、维护健康的信用关系特别是在防范系统性信用风险中发挥重大和独特的积极作用。

在各种信用关系中，各类主体既可作为债权人，也可作为债务人，在合法、积极地维护权利和履行义务时，均可发挥相同的积极作用。

例如，为更好地实现信用建设的目的、更好地事先预防信用风险，当事人在订立各种信用关系契约时，应遵循诚信原则，都要尽可能地将权利义务条款包括各种违约罚则细化、明确和准确，尽量避免歧义。

再如，当履约的客观条件出现重大或较大变化，出现履约风险时，信用关系当事人如何本着合法、公平和诚信的原则，进行理性协商，对信用关系进行必要的调整，妥善解决利益矛盾，通常都是较好、理性的第一选择。

及时保存从合同（承诺）到履约的证据，这是信用关系当事人维护信用以及保护自己免受失信伤害的重要且有效的好习惯。

一、企业主体的作用

相对于以政府行政部门为代表的公共部门和居民部门，企业部门包括各类市场机构和企业主体，作为信用的最大需求者和多数信用关系的主要当事人，是防范信用风险的第一或主要责任主体。其不仅要根据自身的客观信用需求，与其他主体建立合理、健康的信用关系，更要担当起微观信用管理的主要责任。现在一些大企业都在加强自身和客户的信用生态圈管理，是一个好的趋势。

其中，国有企业负债增长快、负债率过高的问题，也是一个信用问题。在我国经济体制下，国有企业是在信用建设中发挥重要作用的企业主体。

企业机构类市场主体，包括直接提供信用和为信用提供专业基础服务的各类专业中介服务机构。其作为微观信用管理的主要主体，又作为主要信用信息源，还作为各类专业信用服务的提供者或主要消费者，可以在信用建设特别是信用基础服务实施建设和健康的信用关系中发挥重大和独特的积极作用。

经济学原理告诉我们：世界是不确定的；企业家是重要的。企业家代表企业主体，在建立、维护和履约信用关系中发挥着至关重要的作用。在最后一章，我们还会就如何健全企业家的诚信机制进行探讨。

二、个人群体的作用

首先，人人守信是社会诚信的基础，居民个体守信是社会各类主体守信的基础。信用的基本原理告诉我们，作为社会一员的个体在信用这件事上：第一，要认真谨慎地对待自己的承诺，要十分"吝啬"地做承诺，没有很大把握和能力的承诺最好不做，要做也要留有余地做；第二，自己做出的承诺，哪怕只是口头承诺都要力争履行，至少要主动回复承诺对象，特别是因为各种原因承诺不能兑现或需要调整时，更应如此。这是关于信用的最基本的"道"和"术"。

其次，个人主体及其群体是信用关系中拥有大量相关权利的主体，又是社会和市场中处于弱势地位的群体。因此，我们应在信用建设和信用关系的维护中，在减少不确定性中保障自己的经济权益与维护保障自己的其他权益（公平信用权利、隐私权利等）之间，取得总体利益最大化的平衡保障，以此为目标构建健康信用的制度机制。在此基础上，消费者个人群体可发挥重要而独特的作用。总之，在消费者个人权利觉醒过程中，个人和群体需更主动地依据法律和促进完善法律、更好地维护消费者个人在信用关系中的合法权益。

受国人勤劳、节俭、保守和高储蓄文化传统的影响，在未来很长一段时间内，我国宏观系统性信用风险的主要来源不会来自居民部门。但从个人是最终纳税人的角度看，居民部门却是信用系统性风险成本的最终承担者。因此，个人群体也需要提高微观和宏观信用风险意识，更加积极地参与信用建设和协助防范系统性信用风险。其中，房地产泡沫金融风险和年轻人超前消费意识可能带来的过度负债消费问题，是个人及居民部门尤其需要警惕的。

在这里我们把居民部门的信用问题与少数犯罪分子的欺诈犯罪问题区分开来讨论和治理，这是两类不同性质的问题。

三、公共部门的作用

首先，如前所述，以政府部门为代表的公共部门应彻底放弃泛化信用。政府作为公共部门的代表，具有既是市场平等主体，又享有高于其他主体信用等级的优势，和法律授予管理社会的职权等特征，其可以在信用建设和维护健康的信用关系中发挥更好的作用。虽然政府部门目前做了不少工作，但社会对此并不完全满意。一个阶段以来，误入泛化信用的歧途，恐怕是主要的综合性原因之一。如果大多数政府官员对此没有深刻以及正确的认识，继续寻求在信用建设中发挥更大的作用，还要建立以信用为基础的新型监管体系，甚至在没有彻底摒弃泛化信用思想的条件下推进信用立法，那么实际效果可能适得其反，在信用建设和维护健康的信用关系中发挥更好作用的目标是难以实现的。

在有正确指导思想的基础上，公共部门可以在信用建设的多方面中发挥更好的作用。

一是把改善信用环境特别是商务信用环境，作为改善本部门或地区营商环境的主要抓手，持续务实地推进各项工作；遵循信用建设规律，带头搞好政务诚信建设，做社会诚信的表率。

二是引导支持更市场化的信用基础服务设施的建设。

三是继续支持建设更多的诉调对接的分行业和地区的、专业或综合的调解和仲裁机制、组织建设。

四是政府部门在法律授权监管的行业内，如果从行业信用建设的角度，也想为本行业的合同信用纠纷解决贡献力量，可以在司法法院最后环节之前，探索建立行业行政仲裁机制。

五是着力完善包括政府举债和政府采购的公共信用风险的防控工作。

六是不断完善和提升法治对信用的保障机制，加强纪检监察和社会对司法公正的监督机制，不断提升司法公正水平。

按照前述有关社会问题包括信用问题的一个基本分析方法，我们应特别注意公共部门、资本集团和人民群众三大类群体主体的分类，注重监督和发挥好公共部门和资本集团在信用建设中的积极作用。

全社会各类主体、各部门一方面应根据自己在信用关系中的角色，妥善订立或及时调整好信用关系，诚信地履行好合法合同约定的义务，维护好健康的信用关系；另一方面应依法根据自身的职能定位，遵循信用建设的规律，各负其责，不断推进保障健康信用活动的制度机制建设。持之以恒，久久为功，就一定可以搞好中国特色的信用体系建设。

概而言之，作者关于中国特色信用体系建设的基本思路是：按照市场化、法治化、国际化的要求，端正信用概念和科学分类认识的基础，同时抓好既有密切联系又有特征规律区别的经济信用和道德诚信建设；市场与政府双轮启动，抓好经济信用基础设施建设，尤其不仅要重视建设好、服务好金融信用，更要服务好短板的商务信用，还有中小微企业信用及其弱势主体的各类信用服务基础设施；让信用制度机制与国际接轨，培育和提高民族品牌在国际资本市场的话语权；在长期的社会道德诚信建设中，要教育、文化、技术和制度建设一起抓；重点建设好约束公共部门、企业家和公众人物三类主体诚信的制度机制。

（1）你如何理解信用建设的目的？

（2）信用建设的主要矛盾是什么？你如何理解？

（3）你对近年我国社会信用体系建设的成效给予怎样的评价？

（4）你的信用建设思路是怎样的？

（5）你认为当前我国存在的比较重要的信用风险问题有哪些？请简述之。

（6）你认为目前我国信用建设中的主要短板是什么？为什么？

（7）目前我国企业信用管理服务行业发展面临哪些挑战？

第二篇
经济信用

第四章

经济信用

从本章开始，我们将进入最常见的信用形式——狭义的信用，也就是经济信用。经济信用包括商务信用与金融信用，在多数学者、专业人士看来，这才是真正的信用。我们将试图提纲挈领地用四章来与大家讨论这个层面的信用，如果不特别说明，接下来四章中提到的信用都是指经济信用。

的确，经济层面的信用，才是可以成为一个行业和专业学科好研究、可定量、有理论、有技术的信用，且与道德层面的信用——诚信有很大的不同和差异。

第一节　加强经济信用研究的意义

一、一般意义

研究信用（经济信用）的一般意义是指：通过了解信用的概念，学习和识别信用交易、信用产品、信用风险，认识信用规律，管理信用风险，指导信用活动，能够促进信用活动、信用关系和信用经济健康发展。

这是国际通行的、可对话的信用及信用研究的意义。现在之所以要提出加强经济信用问题的研究，有多种原因，包括要排除泛化信用的干扰。我们判断，当前我国经济信用的总体图景是不太健康的，尤其是该图景中与实体经济更密切的商务信用风险较大、问题更多。

二、特殊意义

加强经济信用研究的特殊意义是指：针对目前国内存在的对信用理解和实践的两种偏差——泛化、异化信用和以为金融信用就是信用的全部，促使更多的人正确理解和认识信用，认识和遵循信用活动的客观规律，特别是信用风险规律，以更好地管理信用风险，维护各类主体的公平信用权利。

本书只是出于实际需要，提出要加强经济信用，特别是商务信用问题的研究，这种研究并不会与现有货币银行学中对货币信用问题的研究相冲突，只是对整个经济信用问题研究中迄今仍较薄弱的一块做点抛砖引玉似的初步研究，以期通过大家的努力做出与货币信用研究相辅相成的对经济信用问题的补充研究，以促进经济信用和信用经济的健康和高质量发展，从而更好地增进社会福利。

第二节　经济信用的概念、特征和分类

一、经济信用的定义

我们在第一章讨论经济信用与诚信的特征时，已经提到中国大百科全书对信用的一个定义：借贷活动，以偿还为条件的价值运动的特殊形式。

我们还可以看一下中英文中都很权威的字词典对信用的定义表述：

大不列颠百科词典：Credit, transaction between two parties in which one (the creditor or lender) supplies money, goods, services, or securities in return for a promised future payment by the other (the debtor or borrower). 这个定义翻译成汉语就是：信用，是借贷双方之间的一种交易，其中一方（债权人或贷款人）提供资金、货物、服务或证券，以换取另一方（债务人或借款人）承诺的未来付款。

又如，新版朗曼当代英语词典，对名词信用（credit）的前三种释义是：①指购买商品或服务并延迟付款的制度；②指在涉及金钱的事情上还款和被信任的品德；③指一个人在银行账户里的金钱的数额。

再如，商务印书馆出版的 D. 格林沃尔德主编的《现代经济词典》，则简洁地把信用（credit）解释为：商品或劳务同将来付款的交换。

百度百科[①]认为经济层面的信用是指，在商品交换或者其他经济活动中授信人在充分信任受信人能够实现其承诺的基础上，用契约关系向受信人放贷，并保障自己的本金能够回流和增值的价值运动。

刘诗白先生在其主编的《马克思主义政治经济学原理》第七章"信用、货币和虚拟资本"中，介绍了马克思引用图克的话对一般信用的描述：信用，在它的最简单的表现上，是一种适当的或不适当的信任，它使一个人把一定的资本额，以货币形式或以估计为一定货币价值的商品形式，委托给另一个人，这个资本额到期后一定要偿还。然后，刘诗白先生给信用下了两个定义。一个是简洁的：信用就是借贷资本的运动形式。另一个是：信用实际上就是指一种以加值偿还为条件的借贷行为，如赊销商品、贷出货币，买方和借方按约定日期偿还贷款和支付利息。

---

① 百度百科. 信用 [EB/OL]. (2021-04-06) [2023-03-10]. https://baike.baidu.com/item/%E4%BF%A1%E7%94%A8/986088.

以上是国内外有代表性的、较权威的关于经济信用的定义。最简洁的莫过于"以偿还为条件的价值运动";而既简单又严谨的定义是"以合同为基础的有时间间隔的经济交易行为。"

在上述定义中，当以"借贷活动""借贷行为""借贷关系"概括或代替经济信用时，显然我们应将其中的"借贷"理解为广义的借贷，不仅包括商务活动与商品和服务交易中的借贷信用，还应包括保险信用和股权投资信用，而不能误解成仅仅是银行信贷这种狭义的信用。

当然，我们也可以在已有"广义信用"的定义——"能够履行跟人约定的事情而取得的信任"——来给"经济信用"下定义：能够履行跟人约定的含价值往来的事情而取得的信任。

二、经济信用的特征

经济信用是可以用货币计量的价值往来关系、活动或交易。这里体现出了经济信用的一个重要特征——是可以用货币计量的价值往来，即有货币可计量的定量关系。这是理解经济信用，把广义信用中的其他信用（诚信）与经济信用区分开来的主要特征。

如果我们把前述广义信用的主要特征浓缩为"契约"，那么经济信用的两个主要特征可以简洁表述为：契约+货币计量。当然，我们还可以把这个特征细掰开来看：契约包括承诺和承诺的实现；而货币计量（定量）的往来关系，则是由货币和定量往来的结构决定。

这两个特征中的任何一个不满足，都不能称为经济信用；只有两个特征同时满足，才能称之为经济信用；只符合第一个特征（契约，即承诺加承诺的实现），而没有第二个特征（货币计量）的，是道德层面的信用即诚信；两个特征都不符合，就不能称之为信用。

三、经济信用的分类

人类的信用活动，发展到今天，已十分丰富。本章我们重点讨论三种信用的分类。

（一）金融信用和商务信用

以金融是否介入为标准，信用可划分金融信用和商务信用（非金融信用）。

金融信用，即金融介入服务的信用，是指金融机构参与并使用了金融工具的信用交易。例如，存款账户、存单、贷款账户、各类银行卡、企业债券、商业票据、保单、股票等都是金融工具，其相关活动都是金融信用。因此，包括银行、证券和保险的整个金融业都属于金融信用。

随着金融业的发展，企业信用、民间信用活动越来越多地被金融信用替代。这无疑极大地促进了企业和经济的发展。但是，原始的、没有金融工具介入的、一般工商企业之间依托于商品和服务的信用交易仍然大量存在。

商务信用，严格地说是指非金融信用，即没有金融机构参与的信用，包括民间借贷，主要是指与商品和服务密切相连的信用。因此，有时也通俗、不严谨地说，商务信用是与商品和服务密切相连的信用。例如，某家银行采购某软件公司的软件或请后者帮助开发某系统软件，就属于典型的商务信用交易。

当我们定义商务信用是指非金融信用时，商务信用和金融信用便是经济信用的一个完备分类。

以上，是关于经济信用第一个大分类。与这个分类类似，过去有把经济信用划分为银行信用和商业信用的，现在看来这种分类有点窄，也不太严谨。

（二）纯信用和有资产支持的信用

以是否有资产支持为标准，信用可划分纯信用（无资产支持）和有资产支持的信用。

纯信用，是以债务人的主体信用作支撑的信用，是没有资产直接支持的信用；即便有其他主体提供担保，其仍然是以主体信用作支撑的，仍然是没有具体的资产直接支持的纯信用。信用额度的大小，是信用是否需要资产支持的主要因素。

有资产支持的信用，是指债务人提供一定形式的抵质押品，可以是实物资产如房产、设备等，也可以是权益资产，如商标权、专利等，以获取信用的形式。

这两类信用的规律、需要的基础服务设施等都很不一样，十分值得深入研究。

（三）其他信用分类

按照信用的各种粗细粒度特征来划分，信用还有以下分类：

——借贷信用、保险信用或担保信用和投资信用。

——消费信用与非消费信用（投资信用）。

——国家信用、地方政府信用、银行信用、企业信用和个人信用。

——国际信用与国内信用。

——互联网新型信用（互联网新金融）与传统信用。

——长期信用、中期信用和短期信用。

——人民币信用、美元信用和欧元信用等。

——本币信用和外币信用。

——民间信用与正规信用。

——书面合约信用和口头合约信用。

——合法信用、违法信用和灰色信用。

这些关于信用的大的、主要分类，对于我们深入研究信用问题，都是有意义的。要全面深入研究信用，这些分类信用面临的问题及其特点、规律，都是需要分门别类根据需要加强研究的。

第三节　关于经济信用的若干总体判断

一、中国经济已进入信用经济阶段

德国的旧历史学派经济学家布鲁诺·希尔布兰德（1812—1879 年）最早提出了信用经济的概念。他根据交易方式的不同，把社会经济发展划分为三个阶段，即以物易物交换方式为主的自然经济阶段、以货币作为交换媒介的货币经济阶段和以信用交易为主导的信用经济阶段。

中国大陆经济在最后一个封建王朝被推翻后的一个多世纪的时间里，历经军阀混战、抗日战争和解放战争，从半封建半殖民地和买办资本主义体制走出来；到中华人民共和国成立以来，伴随着农村和城市不同方式的经济改造、热火朝天的经济重建和改革开放，以及融入国际经济的进程，经过艰难曲折的探索，从计划经济转轨走向中国特色社会主义市场经济，到 20 世纪 90 年代开始迎来三十多年经济及信用的高速发展，已经进入了以信用交易为主导的信用经济阶段。因为基本上都遵循售后保修、包换和包退的"三包"服务承诺，现代的商品和服务交易基本上都属于商务信用交易。即便是一手交钱、一手交货的交易，只要在"三包"[①] 承诺期限内，买家发现质量问题，卖家仍要讲信用，按包括"三包"的交易约定协商处理，所以其实际上也是信用交易。

在上述最近三十多年经济及信用的高速发展过程中，信用的高级形态——金融也一道获得了巨大的发展，对经济高速发展起到了巨大的助推作用。下一步，金融信用建设和发展的主要任务是继续创新探索如何在中国特色社会主义市场经济体制条件下，减少不当的非市场机制的影响，更好地引领经济信用支持实体经济发展，特别是要更好地发展普惠金融事业。

二、经济信用总量

经济信用总量，或总信用规模，是指一国或地区在一定时期内可以计量的全部信用交易的总量，包括各个经济部门信用规模的总和，是各类信用工具包括贷款、债券、商业购销款、存款余额等的合计。

我国当前总信用规模水平大约是多少？其中，商务信用和金融信用又各有多大的规模？占比谁高？这是一系列很有意义且较大的问题。虽然暂时还没有明确的答案，但我们可以做点粗浅分析和判断。

---

① 三包服务指的是包修、包换、包退。对商品或服务实行"三包"，是经营者对商品承担质量保证、承诺的一种方法。三包的基本内容是：经营者对所经营的商品在一定期限内若发生质量问题，便有免费修理、更换、退货的义务，如果经营者不履行此义务，则要承担相应的民事责任。

暂时还没有明确的答案，主要是因为我们尚缺乏完整的信用统计和计量。金融信用统计相对商务信用统计要好得多，但也只能在金融信用中给出一些分项的统计。相对而言，2012年开始统计的社会融资规模（一定时期实体经济从金融体系获得的资金总量），是目前口径最大的金融信用统计指标，但也只是包括了各类金融机构发放的贷款、企业债券和两个交易所一级市场的融资等，并未包括保险信用、其他股权融资和互联网上的各类新金融（现在的趋势是要持金融牌照才可以继续运营了）。

围于统计，现阶段我们无法给出宏观信用总量的准确数据，但我们可以从负债和信用交易两个视角和方法作粗略的估计。

有人曾用各部门负债总量来估计，得到2011年我国信用总规模已经超过175万亿元，当时GDP总量是47万亿元。2022年我国的GDP总量是121万亿元，按负债总量与GDP比例估计，2022年我国信用总规模存量至少超过450万亿元。需要注意的是，虽然后面我们会讨论到货币可代表信用；但在严谨的概念和统计上，信用存量与货币供应量是不同的。

我们也可以用各种经济交易总量（基本都是信用交易，至少90%）来估计。2022年，我国GDP已经连续两年超过百万亿，达121万亿元，年增长约3.1%；在2021年的114.4万亿元GDP总量中，服务业增加值占GDP比重约为53.5%；全国固定资产投资（不含农户）54.5万亿元；社会消费品零售总额44.1万亿元；货物贸易进出口总值39.1万亿元；原保险保费收入4.5万亿元；年末社会融资规模存量为350.9万亿元，增量为31.3万亿元；全国期货市场累计成交量约为72.7亿手，累计成交额约为580.7万亿元……根据以上统计和对很多没有统计的信用交易的保守估计，2022年我国各类信用交易的流量至少为250万亿元。这可与前面估计的信用关系总量存量作对比分析。

以上统计及估计，只是对我国信用规模总量概念的参考。根据中国社会科学院相关研究成果[①]，2019年我国总资产为1 655.6万亿元。对照这个总资产存量和年度总产出98.7万亿的GDP，我们可以对信用总量与这两个经济总量指标的比例关系有个粗略认识。

信用统计是一个值得深入研究的课题。

三、我国的不良贷款状况及潜在风险

不良贷款是信用风险的重要表现形式。2012年以来，我国商业银行的不良贷款率不断提升，不良贷款余额持续增加，近年虽有增速放缓趋势，但仍不容小觑，潜藏的信用风险较大。2012—2021年中国商业银行不良贷款余额见图4-1。

---

① 中国社会科学院中国研究所. 国家大账本（一）：21世纪中国经济的"存量赶超"［EB/OL］.（2021-03-03）［2023-03-10］. http://ifb.cass.cn/newpc/xscg/lwbg/202103/t20210303_5315162.shtml.

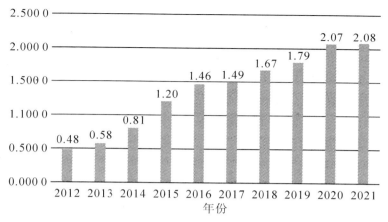

图 4-1　2012—2021 年中国商业银行不良贷款余额（万亿元）

（数据来源：CSMAR 数据库中银行贷款分析数据整理）

有关数据显示①，2022 年我国银行业主要风险指标处于合理区间：2022 年年末，银行业金融机构不良贷款余额 3.8 万亿元，较年初增加 1 699 亿元。不良贷款率 1.71%，同比下降 0.09 个百分点。商业银行逾期 90 天以上贷款与不良贷款的比例为 78%，保持较低水平。2022 年，银行业金融机构累计处置不良资产 3.1 万亿元，其中不良贷款处置 2.7 万亿元。

综上，我国信用风险不容忽视，但还在可控范围内。

四、信用风险总体判断

宏观经济的信用风险是我国不能掉以轻心的大事。那么，当前乃至今后一段时间里我国宏观经济信用风险的总体状况到底如何呢？如何做总体判断，这是一件很严肃且需要经得起历史检验的事，也是一件很有挑战性、面临较大风险的事。

2022 年 12 月召开的中央经济工作会议指出，"当前我国经济恢复的基础尚不牢固，需求收缩、供给冲击、预期转弱三重压力仍然较大，外部环境动荡不安，给我国经济带来的影响加深。但要看到，我国经济韧性强、潜力大、活力足，各项政策效果持续显现，明年经济运行有望总体回升"；"要防范化解金融风险，压实各方责任，防止形成区域性、系统性金融风险。加强党中央对金融工作集中统一领导。要防范化解地方政府债务风险，坚决遏制增量、化解存量"；"会议强调，对于我们这么大的经济体而言，保持经济平稳运行至关重要。……加强金融、地方债务风险防控，守住不发生系统性风险的底线"。

2023 年 1 月，中国人民银行发布《2022 年金融统计数据报告》。数据显示，2022 年我国流动性合理充裕，信贷总量增长稳定性增强；我国金融体系运行平稳，金融为实体经济提供了更有力、更高质量的支持。2022 年以来，美国、欧元区、英国等主要发达经济体大幅度收紧货币政策，大幅加息，这对全球金融体系造成了紧缩效应，新

---

①　张琼斯. 银保监会：2022 年末银行业金融机构不良贷款率 1.71% 去年全年累计处置不良资产 3.1 万亿元 [EB/OL].（2023-02-03）[2023-03-10]. https://news.cnstock.com/news, bwkx-202302-5013125.htm.

兴市场经济体跨境资金面临流出压力。"总的来看，发达经济体货币政策调整对我国影响有限。"中央银行副行长宣昌能表示，我国宏观经济体量大、韧性强，应对一些突发情况，我国坚持实施正常的货币政策，没有搞"大水漫灌"，而是保持流动性合理充裕，金融支持实体经济力度稳固。与此同时，我国金融体系自主性、稳定性增强，人民币汇率预期稳定，这些都有助于缓冲和应对外部风险，特别是发达经济体加息带来的溢出效应。这是对我国抗风险能力的肯定和经济发展的积极预期。

在《中国金融稳定报告（2021）》中，对2020年以来我国金融体系的稳健性状况进行了全面评估："2020年，面对新型冠状病毒感染疫情冲击以及复杂严峻的国内外经济金融形势，我国金融业总体稳健运行，金融机构资产负债规模平稳增长，资本充足水平稳中有升，盈利能力基本稳定，金融市场运行总体平稳"；"债券市场信用风险上升，市场压力有所加大。2020年，债券市场压力总体有所上升，债券市场压力指数三个构成要素中，机构投资者悲观预期下半年小幅抬升，信用风险第四季度以来上行较快，波动风险较上年小幅上行"。防范化解重大金融风险攻坚战取得的重要阶段性成果之一是，"重点领域信用风险得到稳妥化解。加强债券发行交易监测，综合施策有效化解企业债务风险。积极制定不良贷款上升应对预案，支持银行尤其是中小银行多渠道补充资本"。但是，"国内方面，我国疫情防控输入压力依然较大，经济恢复不均衡、基础不牢固。同时，金融风险仍然点多面广，区域性金融风险隐患仍然存在，部分企业债务违约风险加大，个别中小银行风险较为突出，这些都对维护金融稳定提出了更高要求"。

近年很少有经济学家公开做过对我国宏观经济信用风险形势的总体判断。2021年1月，中国人民大学经济研究所发表观点认为[1]："总体来说，在经济上行与外需向好共同存在的情况下，今年中国宏观经济总体信用风险可能会下行。在区域上，信用风险取决于政府未来如何处置有序打破刚兑，特别是打破城投信仰的问题。深层次结构性问题仍是长期存在的，但经济上行期为我国进行针对性改革创造了有利窗口。"

本书在这里提出这个很有意义的问题，我们也只能以极其有限的见识做以下判断：我们在前一章列举的企业债券违约事件增多等六类问题足以证明，当前及今后一段时间内我国宏观经济的信用风险肯定是客观存在的；并且会随着各种影响信用风险的因素变化而变化；但是，得益于强有力的政治体制、近年持续防控经济金融风险的治理、社会经济信用基础建设、经济长足发展带来的抗风险能力增强和宏观经济调控水平的提高，中短期内出现系统性宏观经济信用风险的可能性较低；虽然如此，我国必须重视化解各类信用风险问题，回归信用建设的正确道路，各类相关主体恪尽职守、扎实工作，才能尽早走上无虑宏观经济信用风险的高质量发展之路。

五、当前我国的总体信用图景

借助金融信用和商务信用这个分类，我们可以对当前我国的总体信用图景有一个

---

① 信用中国. 专家：未来中国信用风险的走势？[EB/OL]. (2021-01-14) [2023-03-10]. https://www.creditchina.gov.cn/xinyongyanjiu/xinyongyanjiuhuicui/202101/t20210114_224017.html.

清楚的认识：

一方面，一些生产过剩程度不同的、在细分行业的龙头企业、上市公司，长期从金融信用获得了倾斜支持，从另一个角度看，这是在金融信用中中小企业融资难、融资贵老大难问题另一种表现。张新民等[1]（2012）研究发现，商业信用和银行借款都会向市场地位高的企业集中，商业信用和银行借款的"替代关系"在市场地位高的企业中更为显著，即市场地位高的企业同时可以获得来自商业信用和银行借款的融资；而在市场地位低的企业中商业信用和银行借款的支持相对较低，凸显了市场地位低的中小企业的融资困境。

另一方面，强势企业还在商务信用关系中挤占了大量中小企业的资金，使得很多实际上守约守信的中小企业的经营和信用条件陷入困境。徐晓萍和李猛[2]（2009）借助2007年上海市中小企业问卷调查样本，研究发现中小企业提供了过多的商业信用，且企业规模越小，提供的商业信用越多。

在这幅图景中，前一半是明面的，后一半是灰暗的，但都是客观现实。这幅总体信用图景积累的风险越来越高。概言之，我们可以定性地判断，商务信用在这幅图景中相对于金融信用风险更大，问题更多，中小企业在其中受到不公正待遇问题更加突出。

为改善中小企业的信用条件，国家已经出台了一系列政策文件（见表4-1）：

表4-1　近年来有关改善中小企业信用条件的国家政策

时间	政策	主要内容
2017.09	《中华人民共和国中小企业促进法》	从国家层面，针对中小企业明确提出国家推进信用制度、支持征信机构发展征信产品和服务、建立政策性信用担保体系等规定
2019.04	《关于促进中小企业健康发展的指导意见》	提出要推动信用信息共享，改善银企信息不对称，提高信用状况良好中小企业信用评分和贷款可得性
2019.09	《国家发展改革委 银保监会关于深入开展"信易贷"支持中小微企业融资的通知》	说明了深入开展"信易贷"支持中小微企业融资的重点工作任务
2021.12	《国务院办公厅关于印发加强信用信息共享应用促进中小微企业融资的通知》	强调要加强信用信息共享融合，深化信用信息开发利用
2021.12	《"十四五"促进中小企业发展规划》	提到要提高中小企业融资可得性，也要做好中小企业融资促进工程和合法权益维护工程
2022.04	《中国银保监会办公厅关于2022年进一步强化金融支持小微企业发展工作的通知》	再次提到要推动加强信用信息共享应用，促进小微企业融资

① 张新民，王珏，祝继高. 市场地位、商业信用与企业经营性融资 [J]. 会计研究，2012，298（8）：58-65，97.
② 徐晓萍，李猛. 商业信用的提供：来自上海市中小企业的证据 [J]. 金融研究，2009，348（6）：161-174.

表4-1（续）

时间	政策	主要内容
2023.01	《助力中小微企业稳增长调结构强能力若干措施》	提出了 15 项具体举措，进一步推动稳增长稳预期，着力促进中小微企业调结构强能力。

近年来，我国银行业金融机构普惠型小微企业贷款持续增加，截至 2022 年 12 月末[1]，全国普惠型小微企业贷款余额 23.6 万亿元，同比增速 23.6%，较各项贷款增速高约 13 个百分点，有贷款余额户数近 4 千万户，同比增加约 5 百万户，表明我国中小微企业的信贷获取状况有了明显改善，相关政策落实较好。相关情况见图 4-2。

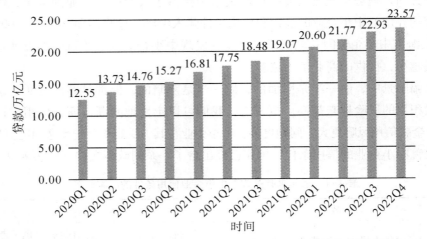

图 4-2　2020—2022 年银行业金融机构普惠型小微企业贷款情况（季度）
（数据来源：银保监会网站）

我们应清醒地认识到，虽然我国总体信用风险并无紧迫近忧，但改善中小企业的信用条件，是一项需要全社会高度重视和持续为之努力的任务。

从整体上和分类细化研究和认识信用及其关系，都是为了信用的健康和高质量发展，其重点是为了更好地防控信用风险。然而，在现实生活中，即使采取种种措施改善中小企业的信用条件，也难免仍存在较高的信用风险。金融信用方面，截至 2022 年 4 月末[2]，银行业普惠型小微企业贷款不良余额 4 476.21 亿元，不良率 2.18%，远高于整个银行业不良贷款率（1.82%），这是不争的事实。商务信用方面，由于中小微企业总体上实力弱，市场地位不高，议价能力不强，所以其在经营中不得不做出一些类似赊销的让步，但又无力追讨应收账款，故商账坏账率也较高，严重影响企业的现金流状况和正常经营。要破解中小发展的信用难题，还需要社会的持续努力。

① 银保监会. 普惠型小微企业贷款持续增量扩面 ［EB/OL］.（2023-01-06）［2023-03-10］. http://www.cbirc.gov.cn/cn/view/pages/ItemDetail.html？docId＝1089140&itemId＝961&generaltype＝0.

② 中国网财经. 银保监会：4 月末银行业普惠型小微企业贷款不良率 2.18% ［EB/OL］.（2022-05-19）［2023-03-10］. http://finance.ce.cn/bank12/scroll/202205/19/t20220519_37596934.shtml.

第四节　商务信用与金融信用的关系

一、商务信用是金融信用的基础

商务信用是信用发展史上最早的信用形式。金融信用是商务信用进步的产物，商务信用是金融信用的基础。金融信用发展起来以后，虽然可以脱离商品运动和服务供给而单独存在，但不能也不应远离甚至脱离商务信用。因为信用的根本目的是更好地满足人们对商品和服务的需求，是更好地调动和配置社会资源去建立经济活动关系。信用的专业化——金融的出现，并未改变信用的这个根本目的，而是为了更好地实现这个根本目的。

以资本的一级市场和二级市场为例，我们可以清楚地得出这个结论。企业在资本的一级市场不论是发行股票还是债券，都是企业为了筹资进行项目建设或扩大生产的。《中华人民共和国证券法》第十四条规定，公司对公开发行股票所募集资金，必须按照招股说明书或者其他公开发行募集文件所列资金用途使用；公开发行公司债券筹集的资金，必须按照公司债券募集办法所列资金用途使用，不得用于弥补亏损和非生产性支出。招股说明书或者其他公开发行募集文件所列资金，毫无疑问，都是发行公司为了筹资进行项目建设或扩大生产的。资本二级市场的交易活动，虽然离筹资主体的实物建设和生产活动远一点，但也是为投资人和一级市场服务的，并与筹资主体的建设和生产经营状况紧密联系。

迄今人类已认识到，一方面，那些离实体经济和商务信用活动稍远一点的金融交易，如金融同业资金头寸调剂、资产证券化等，也是为了让金融更好地为经济服务而存在的，是必要的；但另一方面，如果金融不关心实体经济和商务信用，远离甚至脱离实体经济，过度发展金融衍生品市场、过度进行信用创造，很可能对经济的发展和对社会福利的增进是有害的。例如，世界金融史上最为著名的三次泡沫事件[①]：荷兰的郁金香狂热、法国的密西西比公司泡沫和英国的南海公司泡沫。三次泡沫事件中，金融脱离实体，少数骗子做局，政府监管不力，大众疯狂跟进，结果国家经济遭到破坏，投资人人财两空，最终造成社会悲剧。

当前我国企业存在金融化趋势，让人担忧。许多企业出于流动性储备、追求金融投资的短期利益等动机，会将自身资源更多地配置到金融资产上。这样做虽然可以分散企业风险、缓解财务困境，但也有抑制实体经济投资、提高融资成本和债务负担、导致影子银行金融风险聚集、推动房地产价格泡沫等消极影响。

---

① 知乎. 世界金融史上的三大泡沫事件［EB/OL］.（2018-06-25）［2023-03-10］. https://zhuanlan.zhihu.com/p/38469051.

二、金融信用可以并应该支持、规范和引领商务信用

金融信用是信用的高级形态。各类金融机构积聚了大量的银、证、保不同信用结构的信用产品和服务的科研和实务人才，对信用风险的防控技术也更加专业化。因此，各类金融机构在做好金融服务、改善金融信用供给的同时，应该更多地关注、支持、规范和引领而不是歧视和压制商务信用的发展，提高金融支持实体经济的水平。

上述结论，是金融要支持实体经济原理的推论。关注和支持商务信用，也是金融支持实体经济一条路径。毕竟，判断实体经济是否健康，是比判断商务信用是否健康更复杂、更困难的一件事。

金融（金融信用）及全社会都应该支持商务信用的发展的一个主要理由，是商务信用比金融信用对经济增长的贡献更大。如何发挥好金融（金融信用）支持商务信用的问题，是一个很有现实意义的较大课题。

三、商务信用和金融信用可以单独也可以混合存在

商务信用和金融信用都可以单独存在。这里我们重点关注它们在一个较复杂的信用关系中融合在一起的混合形式。例如，国际贸易信用、前面谈到的蛋壳事件的信用关系、住房按揭贷款等。混合信用也是大量存在的。混合信用是金融支持商务信用，也是两类信用相互支持、互利共生健康发展的重要形式。

金融信用同业具有竞争关系，也应该是良性竞争。商务信用与金融信用，基本不是同业竞争关系了，即便是结构相同的两类信用也是如此，更不要说结构不同的了。因此从这个视角看，金融也更应关注和支持商务信用。商务信用健康了，金融信用才有更大、更好的发展空间和基础。因此，大力发展混合信用应是高质量信用发展的重要方向。

坦率地说，我们对商务信用及两类信用关系的研究还很不足，对许多方面的问题的认识还有待深化。歧视商务信用的问题、委托贷款的法规和自治问题、经济发展阶段与两类信用适当比例的关系问题、新科技乃至实业资本扩张与反垄断问题等，都涉及两类信用的关系问题，需要大家深入研究。

第五节　信用风险规律是信用规律的重点内容

一、信用可以分类，但主体信用风险难以割裂

【信用规律之四——信用风险难以割裂规律】：在金融信用和商务信用这两类经济信用中，微观主体的两类信用风险表现可能有差异和短暂阻隔传染，但从中长期和宏观系统角度看，两类风险是不可分割、难以阻隔的。

因此，我们必须同时重视两类经济信用风险的管理防控。实际上，同一主体的两

类经济信用的风险难以割裂的规律，带有普遍意义：不仅同种信用结构的信用风险难以割裂，例如金融信贷和商务借贷的风险难以割裂开来，而且不同信用结构的信用风险也难以割裂，其是相互影响的，即借贷信用的风险也会影响保险、担保信用和股权投资信用的风险，反之亦然。因此，认识这个规律意义重大。

二、信用风险规律性的若干发现

（1）微观的信用关系及其风险千差万别，就像人体及其疾病表现一样，既有规律可循又可能差异极大。

（2）不同类别的信用风险表现是有差异的。

（3）微观信用风险与宏观系统性信用风险的关系，近似于微观经济与宏观经济的关系。

（4）宏观信用风险形势与经济周期运行高度相关。

（5）商务信用和金融信用都可预警信用风险。

（6）商务信用是与实体经济融为一体的，是经济信用的基础。

【信用规律之五——商务信用基础规律】：在相互影响、难以割裂的两类经济信用中，商务信用的健康是基础。

企业债等金融风险的暴露，一定意味着商务信用早就不健康了。金融信用可以帮助经济活动更有效率、更顺畅地运行，并能短时间迟缓商务信用风险的暴露，但是并不能长期掩盖和消除商务信用风险。金融衍生工具只能转移和分散信用风险，而不能消除信用风险，是这个规律的派生规律。

（7）金融信用风险有更大的危害性。

（8）信用基础服务设施在防控信用风险中均负有重大的专业责任。

（9）政府、中央银行和大的重要金融机构是防控系统性信用风险的关键少数。

这些发现和实践经验的总结，其可靠性以及其中未研究清楚的问题和实际应用等，都有值得深入研究的内容。我们后面的讨论会涉及一些；但大多数，只能期待大家去深入研究。

第六节　商务信用健康是信用高质量发展的必然要求

此前的讨论已足以表明，信用要支持经济高质量发展，就需要支持商务信用有更好的发展。如何支持商务信用发展，是我们这里要讨论的重点。

一、供应链建设

在百年未有之大变局中，经历美国等西方国家的竭力打压，我国已充分认识到供应链建设的战略重要性。《中华人民共和国国民经济和社会发展第十四个五年规划和2035 年远景目标规划》提出，要提升产业链供应链现代化水平；面向 2021 年的中央经济工作会议提出，要增强产业链供应链自主可控能力。显然，加强产业供应链建设，已经成为国家的一项重要战略。

产业供应链建设涉及方方面面的工作，如保持制造业比重基本稳定、增强科技创新能力、补产业链供应链的短板、打造新兴产业链、推动传统产业高端化智能化绿色化、发展服务型制造、完善国家高质量基础设施等。

从信用的视角看，产业供应链建设与信用建设也是密切相关、相辅相成的。甚至可以说，产业供应链建设在很大程度上就是信用建设。其中，体现这种密切关系的供应链金融建设，已经有较多的讨论：

2020 年 9 月人民银行会同工业和信息化部、司法部、商务部、国资委、国家市场监管总局、银保监会、外汇局出台的《关于规范发展供应链金融 支持供应链产业链稳定循环和优化升级的意见》，就从稳步推进供应链金融规范发展和创新、加强供应链金融配套基础设施建设、完善供应链金融政策支持体系、防范供应链金融风险等方面，提出了政策要求和措施。意见提出：金融机构与实体企业应加强信息共享和协同，要提升产业链整体金融服务水平，提高供应链融资结算线上化和数字化水平；提升应收账款的标准化和透明度，提高中小微企业应收账款融资效率；支持打通和修复全球产业链；规范发展供应链存货、仓单和订单融资，增强对供应链金融的风险保障支持；要完善供应链票据平台功能；推进动产和权利担保统一登记公示；优化供应链融资监管和审查规则，建立信用约束机制；要加强核心企业信用风险、供应链金融业务操作风险、虚假交易和重复融资风险、金融科技应用风险等防控，供应链大型企业应强化支付纪律和账款确权，不得挤占中小微企业利益。

上述意见，尤其是强调建立信用约束机制，供应链大型企业应强化支付纪律和账款确权，不得挤占中小微企业利益等意见，如能得到较好落实，就能切实改善信用尤其是商务信用环境，加上其他方面的工作，建设更强创新力、更稳定可靠的产业链供应链便有了坚实的基础。

供应链信用，对各行各业大中小企业都十分重要。例如，在美国打压的背景下，华为经营仍然比较稳健，达到经营预期，收入和盈利仍略有增长，主要靠的是大量的市场供应链信用的支撑。2020 年仅在 GtoB 项目上，华为就与运营商、合作伙伴一道在 20 多个行业，签署了 1 000 多个合同。

在中美结构性、制度性竞争矛盾加剧的大背景下，各国都不同程度地认识到构建更加稳定、更有弹性的供应链的重要性。美国商务部、能源部、国防部、卫生与公共服务部于 2021 年 6 月发布了《建立供给链弹性、振兴美国制造、促进广泛增长》联合评估报告，认定美国半导体制造及封装、电动汽车电池、稀土等关键矿产及其他战略原材料、药品和活性药物成分等 4 个关键供应链都存在漏洞和风险。为此，报告强调美国必须通过重建生产和创新能力、提升产业链可持续性、加大政府采购和支持力度、强化国际贸易规则、加强盟友伙伴合作、监控供应链中断情况等方式，修补关键供应链漏洞，夯实长期产业基础。

不论各国构建更加稳定、更有弹性的供应链的思路有何差异，有一个隐含的前提是一致的，就是其只会更加重视稳健的信用制度，不敢短视地拿信用声誉开玩笑。只要信用制度越建越完善，而不是遭破坏倒退，各国在供应链建设上的竞争从长期看就应该是良性的。

二、应收账款融资

应收账款是商务信用的代表。发展应收账款融资是支持商务信用发展的又一个重要途径。

应收账款融资，是基于应收账款的质押和转让的信用活动。其中，应收账款的转让（无论是否有追索权），又有专业称呼——商业保理。应收账款融资是对产生应收账款的商务活动的一种支持；同时，应收账款的质量即商务信用的质量，也制约着应收账款融资业务的发展。

近年来，国家越来越重视应收账款融资及其对企业健康发展的作用。2022 年 9 月，《关于推动动产和权利融资业务健康发展的指导意见》鼓励银行机构通过应收账款质押和保理融资，包括收费权、应收租赁款等方式，满足不同客户多样化金融需求。同时，得益于物权法的颁布、应收账款权利登记服务、监管法规趋于统一、保理合同获民法典认可等基础保障机制的完善，市场服务主体业务模式的不断创新，我国应收账款融资业务规模持续扩大，对缓解企业融资难、融资贵问题和改善商务信用环境，做出了突出贡献。但我国应收账款融资业务发展也面临商务信用基础薄弱、保理公司融资困难、债权转让适用通知主义的国际惯例尚未在国内较好地建立起来等问题。解决这些问题，需要立法、司法、执法和市场各方的持续努力。

第七节　经济信用中的反垄断问题

信用和反垄断是不同经济体制的共识。因此，信用注意反垄断、遵守反垄断法规，是毫无疑问的。

一、信用反垄断的内在要求

信用反垄断有以下内在要求：

第一，信用风险不宜过度集中。这主要是指信用业务的风险不宜过于集中，应当适度分散，这是信用风险管理的内在要求。《中华人民共和国商业银行法》规定，对同一借款人的贷款余额与商业银行资本余额的比例不得超过百分之十。如果一个客户或一个项目要求的贷款额度很大，金融机构要独立评估其是否具备可行性，这样才能根据自己的能力选择合适的形式来提供支持。

金融管理部门甚至可能对特定行业、特定品种的信用集中度提出具体的政策性要求。例如，《中国人民银行、中国银行保险监督管理委员会关于建立银行业金融机构房地产贷款集中度管理制度的通知》（银发〔2020〕322 号），就对银行业金融机构（不含境外分行）的房地产贷款占比和个人住房贷款占比两类房地产贷款集中度指标的上限，提出了管理要求。各个行业供应链重要环节的供应商和客户，也不宜过于集中，反映的也是这个内在要求。

第二，信用服务业也有反垄断的要求。金融银、证、保，在我国已是持牌经营、竞争性专业信用服务行业，都有规模效应增强竞争力和防止市场垄断的两方面问题。伴随改革开放、经济的高速成长，金融业也得到巨大发展，其中一些大型机构的规模也进入国际前列，成为大的重要的金融机构。得益于较严格的行业监管，迄今我国传统金融机构的市场垄断问题并不突出。但在大数据、数字化、互联网 AI 等新技术冲击下，以及在其行业的升级过程中，一些新技术、大数据独角兽科技公司，在进入金融业和与传统金融机构合作的过程中，迅速做大可能形成垄断的问题，引起了社会和监管当局的警惕。对此，我们还需要深入的观察和研究。

蚂蚁科技上市暂缓事件

2020 年 11 月 3 日晚间，上海证券交易所（上交所）发布了《关于暂缓蚂蚁科技集团股份有限公司科创板上市的决定》，可谓一石激起千层浪、影响深远。

上交所的决定明示："你公司原申请于 2020 年 11 月 5 日在上海证券交易所科创板上市。近日，发生你公司实际控制人及董事长、总经理被有关部门联合进行监管约谈，你公司也报告所处的金融科技监管环境发生变化等重大事项。该重大事项可能导致你公司不符合发行上市条件或者信息披露要求。根据《科创板首次公开发行股票注册管理办法（试行）》第二十六条和《上海证券交易所股票发行上市审核规则》第六十条等规定，并征询保荐机构的意见，本所决定你公司暂缓上市。"由于影响重大，市场各方高度关注，官方及权威人士均出来表态，决定合理合法；加上拟上市公司股东名单的披露，社会很快便形成了支持决定的高度共识。

公司首次公开发行上市股票，是影响面广且持久的重大股权投资信用交易。从信用的角度观察：第一，反垄断、防止资本的无序扩张，是中央提出的重大战略要求，更是信用高质量发展、保护公众投资者利益的内在要求。第二，体现上述要求的最新法规，如 2020 年 11 月 3 日，中国银保监会、中国人民银行关于《网络小额贷款业务管理暂行办法（征求意见稿）》发布。其中，对照"在单笔联合贷款中，经营网络小额贷款业务的小额贷款公司，出资比例不得低于 30%"；"经营网络小额贷款业务的小额贷款公司通过银行借款、股东借款等非标准化融资形式融入资金的余额不得超过其净资产的 1 倍"；"通过发行债券、资产证券化产品等标准化债权类资产形式融入资金的余额不得超过其净资产的 4 倍"等规范要求，显然"蚂蚁科技"这个巨大的小额贷款平台公司已经不符合这些要求。因此，"暂缓"蚂蚁科技上市是必然的。

后续是，2021 年 4 月国家市场监管总局根据市场举报查明，蚂蚁科技的母公司阿里巴巴集团在中国境内网络零售平台服务市场具有支配地位，自 2015 年以来，阿里巴巴滥用该市场支配地位，对平台内商家提出"二选一"要求，禁止平台内商家在其他竞争性平台开店或参加促销活动，并借助市场力量、平台规则和数据、算法等技术手段，采取多种奖惩措施保障"二选一"要求执行，维持、增强自身市场力量，获取不正当竞争优势和垄断利益。市场监管总局依据《中华人民共和国反垄断法》对阿里巴巴集团开出了 182.28 亿元人民币的巨额罚单等行政处罚决定。阿里巴巴表示服罚。这一新发展，也间接证明了从信用的角度防止资本无序扩张的必要性和紧迫性。

注：作者根据相关报道自创。

2021 年 7 月，中国人民银行征信管理局向网络平台下发相关通知，要求平台机构不得将个人主动提交的信息、平台内产生的信息，或从外部获取的信息以申请信息、身份信息、基础信息、个人画像评分信息等名义直接向金融机构提供。这意味着，互联网平台利用"大数据"获取的个人信息，将不能够被金融机构获取。近年来，随着大数据征信行业的发展，助贷机构在为金融机构提供借款人推荐服务时，会同时过度收集个人信息。这些公司使用"爬虫"技术采集信息，同时还向金融机构收取导客引流费，或者信息服务费。这种行为不仅造成了个人信息的滥用，同时推高了用户的借贷成本。2021 年 7 月，银保监会消保局局长郭武平[①]在新闻发布会上表示，大型互联网平台向金融机构收取导客引流费或者信息服务费，推高了融资成本，在有的案例里面大型互联网平台导客引流费或者信息服务费达到 6% 甚至 7%，而实际上银行的贷款利率是 4%、5%，所以我们现在讲，减费让利既要在银行这端，同时也要加大对大型互联网平台等市场主体在收费方面的监管力度。这是官方从保护个人信息权利的角度，强化信用反垄断的最新举措。

为信用服务的各类基础设施，客观上都有寡头垄断的情形，但有其存在的合理性，只要我们不断完善对其的监管，垄断就并非其发展的主要问题，后面我们还将会有进一步的讨论。

第三，信用活动不可助长垄断。信用活动是配置资源的最重要机制。信用活动不可助长垄断的内在要求也是十分自然的。如果授信企业主体存在垄断市场的倾向，则其他市场主体特别是授信主体、媒体、自律组织和监管当局，都有责任提醒和抑制其垄断倾向。问题是，判断一个企业是否存在垄断行为和倾向，判断后能否有效劝其改正，都是一件很复杂的事。加之，互联网经济等新经济业态对反垄断工作提出了新要求，我们无法照搬传统的分析思路和评估方法。虽然目前在信用领域、在建立信用关系这个层面，有关授信主体、信用基础服务设施和监管当局等重要方面，还只能按自己的职责和认识行事，但提出信用要反垄断的内在要求还是十分重要和有意义的。我们只有在这个内在要求的基础上，通过不断地实践探索和研究，才能建立健全各方面信用反垄断的规则和流程。2020 年 11 月份的"暂缓"蚂蚁科技上市事件，也可以说是一次阻止一个巨额股权投资信用很可能助长垄断的有益实践，金融监管部门在这个行动中发挥了重要作用。后续进展，可参阅潘功胜就金融管理部门再次约谈蚂蚁集团情况答记者问（中国人民银行网站，2021 年 4 月 12 日）。

---

① 银保监会."学党史 悟思想 办实事 开新局"系列新闻发布会之一 [EB/OL]. (2021-07-08) [2023-03-10]. http://www.cbirc.gov.cn/cn/view/pages/ItemDetail.html? docId=995399&itemId=920&generaltype=0.

二、中国特色社会主义市场经济可能更好地实现反垄断

《中华人民共和国反垄断法》第三条规定的垄断行为包括："（一）经营者达成垄断协议；（二）经营者滥用市场支配地位；（三）具有或者可能具有排除、限制竞争效果的经营者集中。"但同时在第四和第五条也规定："国家制定和实施与社会主义市场经济相适应的竞争规则，完善宏观调控，健全统一、开放、竞争、有序的市场体系。""经营者可以通过公平竞争、自愿联合，依法实施集中，扩大经营规模，提高市场竞争能力。"在具体执法的过程中，执法者准确掌握法律精神，适当、合理、合法地判断垄断行为，有效实施反垄断，并不是一件容易的事。

前面我们已经讨论到，从信用的角度判断是否存在或存在多大程度的垄断和实施反垄断，也不是一件容易的事。看起来，防止资本特别是大资本的无序扩张，可能是一个有效的途径，但判断和防止资本无序扩张同样不是一件简单的事。

有人评论，反垄断、防止资本无序扩张的决策部署，是中国的一件大事。这个决策部署看似突兀，其实不然。从中央政治局会议到中央经济工作会议，及随后一系列举措可以看出，这个决策部署不仅仅具有经济金融意义，还具有政治意义，是中国特色社会主义体制的内在要求。初步分析，可能在当今世界上，也只有在现阶段中国特色体制下，国家才会明确提出防止资本无序扩张的政策主张，并符合逻辑地把它与反垄断联系在一起。随着这一决策的贯彻实施，我们应有更明确细化的规则程序出台，在中国特色体制下，通过防止资本无序扩张来更好地实施反垄断。

最后，在这个题目下，提出一个不宜回避的客观问题，那就是国有资本和民营资本的客观存在和不同特点。党和国家政策是既坚持通过国有企业改革，支持国有资本做强做大，也明确支持民营企业、资本的发展。面对资本本性决定的、国有资本和民营资本均有的垄断扩张倾向，如何通过完善立法、依法执法一视同仁，比西方国家更好地反对资本的无序扩张，更好地维护广大人民群众的根本利益，是一个新的大课题，可能还需要较长时期的艰苦探索。

思 考 题

（1）您认为，我国是否需要加强对经济信用的研究工作？

（2）您喜欢哪种经济信用的定义？您认为经济信用的主要特征有哪些？

（3）您认为哪三种有关经济信用的分类是比较重要的？

（4）您怎样描述我国经济信用的总体图景？

（5）请阐述商务信用与金融信用的关系。

（6）请阐述信用风险难以割裂规律。

（7）请阐述商务信用基础规律。

（8）您认为商务信用建设应重点抓哪些工作？

（9）信用反垄断有哪些内在要求？

（10）你认为国家是否需要制定公开的"资本无序扩张"的标准？

第五章

信用中介和信用服务

前一章，我们从三个角度——概念、两个最重要分类以及信用风险规律，概要地进行了经济信用的讨论。在本章，我们将继续选择三个视角，就经济信用特别是其专业化信用——金融，做一点概要讨论。

第一节　货币的出现和信用服务的专业化

一、信用与货币的出现

从逻辑上看，人类形成财产私有观念是出现物物交换以及货币和信用的前提。在原始社会早期人类还没有财产私有意识时，付出不必讨回，取得也无须归还，借贷、利息等信用概念和活动便无从谈起。

在人类进步过程中，伴随着制造和使用工具，专业化分工的出现，人们的生产能力和生活需求也逐渐增长，物物交换活动也随之出现。在原始社会末期，当时人类生产力水平依然很低，生产资料都是公有制的。但产品也会偶尔出现剩余，为了避免来之不易的产品浪费，也为了满足更多的产品需求，于是在不同公社之间，个别的、偶然的、最为原始的"物物交换"便出现了。[①] 据历史考察，我国早期的物物交换距今已有六七千年的历史。

人类早期的物物交换是一种即时的物物交换，也就不涉及信用和货币。随着人类社会的不断发展，物物交换的交易范围逐步扩大到陌生人之间，并且开始出现具有时间间隔的交易，信用也就出现了[②]。而货币作为商品交换的媒介——一般等价物也随之

---

① 佚名. 探秘原始社会的"物物交换"［EB/OL］.（2017-06-22）［2023-03-10］. https://www.sohu.com/a/151003764_99922974.

② 信用关系就是一种债权债务关系，信用作为借贷行为的特征是以收回为条件的付出或以归还为义务的取得。

出现。这是人类生产和生活文明的更大进步。但是，对于信用和货币谁先出现，学术界存在着不同看法。

据《不列颠百科全书》记载，公元前 2000 年古巴比伦文献记录了一份借贷合同和第一个现代意义上的银行雏形。我国春秋战国时期也已有不少借贷事项记载①，因此我国最早的信用活动至少也有三四千年的历史。

再看货币的出现。中国是世界上最早使用货币的国家之一，使用货币的历史长达五千年之久。我国在新石器时代（相当于古史传说中的神农、黄帝、唐尧、虞舜时代），已有了经常的物物交换，也出现了最早的自然物货币如贝壳、龟壳、皮革、齿角、珠玉等。《管子·山权数》："汤以庄山之金铸币……禹以历山之金铸币……"《盐铁论·错币第四》："夏后以玄贝"。这些记载说明夏代已经开始将贝当作货币使用。学术界一般认为贝是我国最古老的实物货币。贝作为物物交换的一般等价物，在距今三四千年的我国原始社会末期的商周时代已经开始长期使用。

虽然没有证据确定，在人类进步的历史上信用活动和货币谁出现得更早，并且信用活动也不是必须要有货币才可以进行，所以虽然很难说谁是谁的前提条件，但逻辑上存在信用的出现要早于货币出现的较大可能性。可以肯定的是，自古以来货币就与信用有着非常密切的联系，货币的出现及其形式的不断进化（迄今也未停止），对于信用的进步和发展也是非常重要的。

二、货币的进化伴随着信用的进步和专业化

货币出现以后，在改善经济生活特别是降低交易成本需求的不断推动下，货币形式从物体货币、金属货币、纸质货币到电子货币，货币制度从银金本位制、金汇兑本位制到信用货币制，持续进行着进化演变，不断克服各种不足和问题，使得货币履行价值尺度、交易媒介及支付手段、价值储存及流动性、国际货币的功能不断得到改进和提升。

同时，信用服务人类经济生活的结构形式、服务功能也在不断地改进和丰富，各类信用交易不断增长。特别是专门经营货币的专业机构（如约两个世纪前盛行百年的中国晋商票号②）的出现和发展，催生了信用服务的专业化。一个新兴的金融行业的诞生，更是极大地促进了信用的发展。

实际上，货币与信用是一种相互促进发展的关系。一方面，货币的进化不断地为经济交易包括信用交易带来便捷，并降低交易成本。另一方面，信用的进步、扩大，也带动了货币的进化和货币流通的加速。同时，技术的进步也使货币和信用的进步成为可能。当然，进步的根本推动力来自于人类不断改善生活的需求。

更深入一点也可以说，货币是为信用服务的，而信用并不是为金钱（货币）服务。

---

① 《庄子》中有："庄周家贫，往待于盐河侯，盐河侯曰：诺，我得邑金，将贷子三百，可乎？"《尚书》载："信用昭明于天下"；《周礼》中有"以叙国之信用，以质邦国之剂信"。

② 票号是由晋商创立的金融组织，主要经营异地汇兑和存贷款业务。其最成功之处，就是把以前以运送现银为主的异地结算方式，创新为凭一纸汇票即可完成的异地结算方式，并在汇兑过程中坚持采用汇票这种信用凭证进行结账。

从这个意义上看，信用在上层建筑中的层次要比货币高和重要。

在货币、金融和信用进化的过程中，各种经济交易的便捷性、效率、公平、稳定和规模也随之不断得到改进和提升，持续促进着国民经济的发展。从近代来看，自我国 20 世纪 70 年代末实行改革开放以来，伴随着金融业的发展和信用的深化，各类信用服务业都获得了跨越式发展。

第二节　金融及其服务

金融的出现以及之后的大发展，对人类的生活产生了极大的影响。

"金融"一词在我国近代的产生与演变

"金融"一词最早产生于明治维新（1868）之后的日本，之后由日本传入我国。

在近代，我国的一些银号和钱庄有过金融融通之说，但我国开始正式用"金融"一词是在我国近代银行业兴起以后（以 1897 年中国通商银行的成立为标志）。

在民国时期，"自去秋以来，金融机关一切停滞"出现在北京市政府财政部文件中，但当时这个词的含义也还不是很明确。到 1915 年，《辞源》将"金融"解释为"今谓金钱之融通曰金融，旧称银根。各种银行、票号、钱庄曰金融机关。"

再到 1920 年，北洋政府发行"整顿金融公债"用以解决中国银行、交通银行停止兑换的风潮，自此之后，"金融"一词就开始在我国被广泛使用了，经常与银行业务活动相结合。

资料来源：高翔，陈东. 金融概念的定义演变 [J]. 兰州学刊，2005（3）：101-102.

一、金融的定义、范畴和实质

人们对金融有如下定义、释义或描述：

（1）金融（Finance）是货币流通和专业信用活动以及与之相联系的经济活动的总称。

（2）金融是市场主体利用金融工具将资金从资金盈余方流向资金稀缺方的经济活动。

（3）金融是货币资金融通的总称，主要指与货币流通和银行信用相关的各种活动。

（4）金融是指金钱融通的状况。

（5）金融指货币的发行、流通和回笼，贷款的发放和收回，存款的存入和提取，汇兑的往来等经济活动。

（6）金融就是对现有资源进行重新整合之后，实现价值和利润的等效流通。

（7）金融是实行从储蓄到投资的过程，狭义上可以理解为金融是动态的货币经济学。

（8）金融是人们在不确定环境中进行资源跨期的最优配置决策的行为。

从强调活动的实质视角出发，我们还可以补充一个定义或描述：金融是指不直接经营物质产品和其他服务的生产和交换的、专门为信用服务的活动。从事这种活动的机构（或企业）称之为金融（中介）机构，它们为社会提供的服务就是金融信用服务，简称金融服务。

在本书里，金融、金融信用和信用中介是作为同义词来使用的。不管金融使用上述哪种定义，但可以明确的是，金融是专门为信用服务的。

相应地，对于金融的范畴也有不同的理解。相对更常见的是，按照广义的含义，金融泛指一切与货币的发行、保管、兑换、结算，资金的融通和专门服务信用有关的经济活动，甚至包括金银的买卖。而狭义的金融专指信用货币的融通，包括货币的发行、流通和回笼，贷款的发放和收回，存款的存入和提取，汇兑的往来等经济活动。

二、金融的分类

概括地说，按其服务的信用的不同结构类型来进行划分，金融可分为银行、保险和投资。我们知道，信用作为特殊的价值运动往来（关系）是有多种结构类型的，如借贷型、保障型和投资型等。在信用进化过程中出现专门的金融机构为之提供服务、专业经营以后，金融业就形成了借贷信用、保险信用和投资信用等。

（一）借贷型信用的专业化——银行（Bank）

借贷型信用，亦称借贷信用，是最常见的、可能也是最早出现的信用。

由于人们财富的余缺和需求不同，人类社会在早期物物交换的基础上便渐渐地产生了借贷型信用。借贷型信用与其他信用一样，我们在前面讨论过，在货币出现之前也可以产生，如谷类的春借秋还；货币出现至今，无货币介入的实物借贷仍然存在，如邻居间的借物使用。但是，货币出现以后，特别是专门经营货币生意的商人和机构出现以后，借助于货币的便利，借贷型信用就大大地方便和流行起来。这种专门经营货币生意，从事货币借入（存钱）与贷出的机构，便是现今的银行。

无论是实物借贷还是货币借贷，本质上都是借贷当事人的互助行为，看似对借入人帮助更大，但能够正常履约的借贷关系对放贷人也是有利的——无论是收取利息还是其他好处。这是人类文明进步发展到今天的一种非常好的、普遍的民事关系。在这里，所谓能够正常履约，有借有还，是非常重要和关键的。人类文明几千年来形成的观念和道德都认为，有借有还是天经地义的。这就涉及能否正常履约的风险管理的主题了。

银行等金融机构的出现，在提供信用的专业化服务过程中，也在不断完善、细化着信用风险的防控技术和管理，这无疑也是有利于信用的发展的。

在信用专业化过程中，信用服务产品也在不断丰富。在货币借贷型信用中，按照借贷主体不同、信用额度大小、一次性还是可循环、期限长短、担保方式及担保资产的类型、贷款用途、利率水平及利息支付方式、币种等多种要素来区分，银行信贷产品现在已经十分丰富。

显然，货币和银行的出现是信用活动进化史上最为重大的事件。此后，专门为信用服务的金融（中介）机构在信用的发展中起到越来越重要的作用，信用也得以快速发展，所以也有"现代市场经济就是信用经济、货币经济"的说法。

（二）保障型信用的专业化——保险（Insurance）

保障型信用，亦称保障信用、保险信用，也是人们在追求美好生活的过程中总结出的一类层次相对更高一些的信用关系。

中国人很早就萌生了应对灾害风险的原始方法。据《易周书·周书序》记载："周文王，遭大荒，谋救患分灾，作《大匡》。"其中的"分灾"二字即分散风险的意思。春秋战国时期，孔子主张"耕三余一"，即每年把三分之一的粮食储存起来，以应对灾荒。隋朝时由官府设立义仓，按人头和土地抽取粮食储存起来，专门用于赈灾，后来又发展为自愿缴纳，与今天的社会保险相比较，这便是过去实物型的保险。

保障型信用——保险也是在人们财富有结余，为了更好地应对未来的灾害风险，保障生活生产稳定而总结出来的一种自助和互助合作的方法，也是一种特殊的、不同于借贷的价值运动。所以两者的价值往来结构存在明显的差异。借助于货币的进化，这种保障型信用也走向了专业化，提供保障型信用服务的机构，便是现今的各类保险公司和担保机构。保险信用也成为现代金融的一部分。

保险保障的风险标的，比如自然灾害、人的重大疾病都有其发生的概率统计，这是确定保险费率的主要依据。保险精算是专门对此进行研究的课程。当然，保险精算课程的内容远不止这么简单和轻松，其研究内容包括保险事故的出险规律、保险事故损失额的分布规律、保险人承担风险的平均损失及其分布规律、保险费率和责任准备金、保险公司偿付能力等保险具体问题，是一门依据经济学的基本原理和知识，利用现代数学方法，对各种保险经济活动未来的财务风险进行分析、估价和管理的一门综合性的应用科学。

在保障型信用专业化过程中，保险对象和服务产品也在不断丰富。大的保险种类有财产保险、人身保险、灾害保险、责任保险等。细分如人身保险又有人寿保险、健康保险、人身意外伤害险等。更有储蓄保险、信用保险、理财投资保险等混合信用功能的保险产品。其中，少数几种重要的险种如"五险"（养老保险、失业保险、医疗保险、生育保险和工伤保险）已属于我国法律强制建立的社会保障制度。但大多数保险产品，在我国现阶段还是商业保险。

其中，信用保险（Credit Insurance）是指权利人向保险人投保债务人信用风险的一种保险，是一种投保企业用于在借贷型信用关系中对债务人偿债风险进行转移、管理的一种责任保险产品。其功能通常是保障企业应收账款的安全。其原理是把债务人的保证责任转移给保险人，当债务人不能履行其义务时，由保险人承担赔偿责任。出口信用保险就对国际贸易非常重要。贸易信用加上信用保险，就是一类典型的混合信用。

实际上，各种经济担保活动，无论是金融担保如融资担保，还是实体商务担保，从价值运动结构特点看，都是类似于信用保险的，担保保障的也是借贷信用的付款责任，其是与借贷信用一起构成的一类混合信用。担保人与保险人负有的付款责任类似，是一种或有负债，这是他们与债务人的实有负债责任最大的不同。担保保障的付款责任风险标的，也服从其大数统计规律——概率分布，这是确定担保费率的主要依据。

任何有风险的地方，就有保险的用武之地；但适合保险的标的，受到保险对象的特点和经济发展水平的制约。随着人们生活水平的提高、风险意识的增强，人们对保险的需求也日益增大。我国要加大对保险人才的培养，还要大力发展各种保险事业，这也是中国特色社会主义市场经济的内在要求。

（三）投资型信用的专业化——投资（Investment）

投资型信用，亦称投资信用、长期信用、证券信用、直接信用，是三大类型信用中出现最晚的一类信用。

投资也是个多义词，用法、含义都很多。通俗地理解，投资似乎就是做生意挣钱。如今，广义的投资活动，包括了大多数经济活动，如储蓄、创业、置产、股票、基金、房产、期货、外汇、保险、黄金、收藏、等等，凡属于是主观想促使资产增值或变现的活动，都可以叫投资。我们这里，既然前提是把投资也归为一类信用，而信用是价值往来关系，必不可少会涉及其他主体，因此，我们只讨论范畴稍窄一点的、直接关系其他主体信用的投资活动，重点关注最有积极意义的创业投资信用。

人类早期的创业投资活动，主要靠自己的劳动、一技之长，或者靠组织家人和更多的人，因地制宜，或组织生产或从事贸易，实现发家致富、积累财富，并继续转换储蓄、扩大投资。信用在其中的意义，还不是很明显。例如，春秋末期的范蠡在分别帮助越国、齐国国王成功理政后，主动隐退，先后到三个不同的地方因地制宜地去创业投资经商，又都获得了巨大成功，发了大财，之后又三散家财，被后人尊称为"商圣"，为"南阳五圣"① 之一。

创业投资活动发展到今天，更多的是合伙创业、资本股权投资、投资人和经营管理人可分离等典型的投资新类型，信用在其中的意义就十分明显和重要了。

从信用的价值运动角度看，这些典型的投资信用的价值运动特点是，可能挣大钱，价值增值很多，但风险也很大，可能血本无归。投资信用发展到今天，法律规定，资本股权投资的本金是不许撤回的，要么可持股等待分红，要么通过转让重获流动性。也就是说，现代的创业投资活动也面临着很大的风险。三大类型信用的价值运动特点的区别见表5-1。

表5-1　三大类型信用的价值运动特点的区别

借贷型信用（借贷）价值往来的特点	保障型信用（保险）价值往来的特点	投资型信用（投资）价值往来的特点
贷出本金后，借贷到期时，通常不仅本金有保障能收回，还可以按约定获得百分之几到十几的利息（最高不超过法定高利贷的利率水平）	投保人付出按百分之几或千分之几保险费率计算的小额保费，出险时可获得不超过保险金额的较大赔付金额	投资本金收回比例水平波动较大，没有定数，可能增值较多，也可能血本无归。不同类型的投资风险变化也较大

---

① "南阳五圣"是指："谋圣"姜子牙、"商圣"范蠡、"科圣"张衡、"医圣"张仲景、"智圣"诸葛亮。

由表 5-1 可知三大类型的信用价值运动特点区别是很大的，在经济生活中的功能也差别很大。创业投资信用的主要经济功能，是为满足企业或单位开办新项目、新业务对长期投资（一般指厂房建筑、设备购置及其他固定资产购置等）的需要提供融资。

随着投资信用的专业化发展，现在的虽然投资人直接参与创业投资的形式仍然存在，但更多向企业提供较长期的创业投资资金的各类最终投资人（企业、个人或政府机构），主要都是通过投行等金融机构（如私人基金、保险公司、信托公司、教育或养老基金、券商等）及其标准化证券金融工具做媒介的间接投资的方式提供资金。

对于债券信用，人们习惯上从提供长期资金的角度看，因此通常把它也归为投资，但其信用结构实际上更近似于借贷型信用，与我们重点关注的创业投资型信用是存在很大不同的。

创业投资信用，在经济转型、起飞、中高速增长和我国贯彻创新、协调、绿色、开放、共享的新发展理念阶段，是需要大力发展的。然而，由于信用环境基础和信用体制特点等种种原因，我国的三大类型信用特别是借贷型信用与投资型信用发展不平衡的问题仍然突出。未来促进证券市场发展，我国还需要更加重视创业投资信用。

（四）其他信用服务中介及其服务的专业化

在为各种信用提供服务的专业化过程中，除了上面提到的、主要为三大类型的信用提供专业服务的银行、保险公司和担保公司、证券公司和投行以外，还逐渐出现了各类基金公司、信托公司、租赁公司、保理公司、典当公司、财务公司、汽车贷款公司、小额贷款公司、票据公司、期货公司、助贷机构等各种金融机构，分别为各种类似、组合或细分前述三大结构类型的信用提供着专业化的服务。

近年来，随着互联网新技术（主要是通信技术）和大数据（实际就是统计）技术的发展和应用，一方面，我国涌现出了大量的金融服务行业的互联网金融平台公司；另一方面，其也极大地促进了传统金融机构应用新技术，企业通过互联网渠道/平台能更高效地提升金融服务（主要是小额的、面向广大消费者个人和小微企业的金融服务）。虽然这些新生事物，在初期由于经验不足、法规监管跟不上、趋利避害机制不健全等原因，可能会产生一些负面效应，但人们追求美好生活、技术进步的规律始终在发挥作用，服务可以无止境地改善，社会进步的脚步也将不会停止。

第三节　信用风险管理

在信用专业化发展的过程中，要达到给社会带来尽可能多的福祉的目的，前提条件就是要管理好信用风险。信用风险管理（credit risk management）是指通过制定信息政策，指导和协调各机构业务活动，对从客户资信调查、付款方式的选择以及信用限额的确定到款项回收等环节实行的全面监督和控制，以保障应收款项的安全及时回收。这是信用的永恒主题和健康生存之道，是任何深入研究信用的优先课题。我们既要从微观层面，管好每个具体信用和每种类型信用的风险，又要从宏观层面，统筹设计和管理好整体的信用风险，守住系统性信用风险的底线。这需要全社会的持续尽责努力，不断完善已有的制度机制，但不宜搞行政化的运动。

金融机构作为信用价值往来的中枢，作为提供信用服务的专业化队伍，在信用建设中负有特别重要的责任。履行好这个责任，对金融机构的内在要求，可以概括成以下三点：

一、遵循信用原理规律，管好金融产品的信用风险

金融是各种类型信用服务的专业化。

对于不同的金融信用产品，信用风险的管理技术会有所区别，甚至有很大的不同。影响信用的因素很多，并且会随着社会技术环境的变化而变化。但此前我们已概要地了解，信用也是有基本原理和规律的，往后我们还会学习研究更多的信用规律。它们是金融机构管理好信用风险的指南。

这里，我们就三大类型信用的风险管理概要的作点讨论。

评估和管理借贷型信用风险，概其要点，金融机构可从信用的真实性、合法合规性、适度性和可偿还性，或者说从还款意愿和还款能力特别是决定还款能力的收入和资产保障等方面下功夫，掌握、应用好信用原理和规律，去进行更准确的识别和更好的管理。

保险与借贷，由于信用结构的不同，其信用风险规律和特点也有很大的不同；在不同保险品种之间，信用风险的管理技术也会有所不同。但任何信用，不论其价值往来结构有何不同特点，诚实守信都是基本要求。根据保险原理总结出的，保险应遵循的"诚信原则""保险利益原则""近因原则""损失补偿原则"等原则中，诚信原则是第一位的，也称之为"最大诚信原则"。保险活动本身的信用风险问题，概括起来有，投保人包括受益人的诚信欺诈问题和保险人不能如约如期足额赔付的问题，这是制约保险业更快更好发展的两类重要问题，是在保险信用建设中需要继续下功夫研究解决的问题。在全社会推进信用建设的进程中，解决保险业的诚信问题，不论对自身还是投保人，保险机构都承担着最重要的主体责任。

对于不同类型的投资，风险特征同样有很大的不同。其中，我们重点关注的创业投资信用风险可能是最高的，因为其影响因素可能也是最多、最复杂的。评估和管理不同类型的投资，包括创业投资处于不同阶段的信用风险，都需要很多专业的知识。

二、学习和掌握风险管理的专业技术和工具

工欲善其事，必先利其器。通过应用信用规律，总结信用管理经验，金融界已研发出众多的信用风险管理工具。前面提到的，利用保险信用，针对信用责任开发的信用保险产品①，实际上就是一类普通但又重要的信用风险管理工具，也已得到了广泛的应用。

这里，我们再概要地讨论一类信用风险管理工具——信用衍生产品。

---

① 信用保险可分为：商业保险、出口保险、投资保险。

信用衍生品（credit derivative），通常是指以借贷型信用（贷款或债券）作为基础资产的信用（金融）衍生工具，其实质是一种双边信用合约安排。

在这一合约下，交易双方对约定金额的支付取决于借贷信用支付的信用状况，通常有期权或互换两种方式。这里的信用状况一般是指违约、信用等级下降、破产等情况，一定是可以观察到的。

信用衍生品类型多样、形式灵活，根据其复杂程度，可归为以下几类：

（一）单一衍生品

单一衍生品是指标的实体为单一经济实体的信用衍生产品。例如，最常见的信用违约互换（credit default swap，CDS）是目前全球交易最为广泛的场外信用衍生品。合约双方相当于买卖了一种更为标准化的信用保险，在合约存续期间，信用保险的买方向卖方定期支付保费。当标的实体发生信用状况恶化事件如不能按时付款时，卖方将代替标的实体付款，买方将会从中获利。当标的实体的信用状况保持稳定或出现改善时，卖方将因定期收取保费而从中获利。这实际上是买方拿出标的信用稳定或改善时获利的一部分利益（作为保费），与标的信用恶化时卖方代付付款责任而使买方获得利益的一种交换。因此，其又称为信贷违约掉期、贷款违约保险。它是一种价格浮动的可交易的保单，该保单对贷款风险予以担保。

类似地，其他单一信用衍生品还有总收益互换（total return swap，TRS）、信用联结票据（credit-linked note，CLN）及信用价差期权（credit spread option，CSO）等。

（二）组合衍生品

组合衍生品是指标的实体为一系列经济实体组合的信用衍生品，包括 CDS 指数、担保债务凭证（collateralized debt obligation，CDO）、互换期权（swaption）和分层级指数交易（tranched index trades）等。

据《金融时报》报道，2020 年 12 月 26 日中国外汇交易中心、银行间市场清算所股份有限公司和国泰君安证券宣布，即日起联合发布并试运行"CFETS-SHCH-GTJA 高等级 CDS 指数"。这是首个立足于中国市场的 CDS 指数。业内人士表示，审慎推进 CDS 指数，有利于进一步完善我国信用衍生品市场，强化信用风险合理定价，促进市场对信用风险的有效识别，进而实现资源有效配置。

组合衍生品的交易结构较为复杂，但共同的机理是由多个基本信用违约互换或多个单一的信用衍生品构成的资产组合池。由于组合产品对信用资产组合池中的违约相关性非常敏感，因此，这类产品也叫作"相关性"产品。

（三）其他衍生品

其他衍生品主要指信用固定比例投资组合保险债券（constant proportion portfolio insurance，CPPI）、信用固定比例债务债券（constant proportion debt obligations，CPDO）、资产证券化信用违约互换（ABCDS）和外汇担保证券（CFXO）等与资产证券化紧密结合的信用衍生品。

这些信用衍生品结构复杂、定价很不透明，即使在金融危机前信用衍生品市场最为活跃的时期也乏人问津。

我们知道，信用衍生品作为信用风险管理工具，把金融资产中的信用风险分离出来，出现了信用风险的第三方购买者，具有分散信用风险、提高金融市场流动性和效率以及提高资本回报率的功能，如其能得到较好的运用和发展，应能显著地提升信用风险管理水平。

自从信用衍生品于 1992 年首次出现以来，它在西方金融市场增长非常迅速。但源自美国的 2008 年的金融危机，让我们看到信用衍生品的快速发展，似乎并没有发挥它应有的作用，反而让我们担心，信用衍生品特别是结构复杂、风险和定价不透明的衍生品市场的过度发展，可能存在让资金在金融体系内空转，从而减弱金融服务实体经济的功能。因此，近年来我国金融界发展信用衍生品的态度趋于谨慎和保守。这说明，我们还需要更深入地认识信用衍生品包括金融工程科学，趋利避害地探索应用，清醒地认识其对提升金融服务实体经济的影响。

三、金融要勇当信用建设的主力军 ├────────────

金融作为提供信用服务的专业部门，在国家信用建设中肩负的职责使命，显然不仅仅在于管好自己的信用产品风险。金融机构应是义不容辞的信用建设主力军，需要更积极、更主动地参与范围更广的信用体系特别是还不完善的市场化信用基础服务设施的建设，推动信用市场机制建设由监管驱动转向市场驱动转变，而不是被动地等待和参与政府部门牵头来建设一个良好的信用体系。

以主要服务于投资信用的证券市场信用建设为例，为继续促进创业投资信用和直接融资更快更好地发展，我们需要加强法治建设和信用建设；同时，也要理顺两个建设的相互关系。目前的状况是，在推进法治和强监管的背景下，强调以依法依规信息披露为核心抓手的行政监管在明显加强，但证券市场的信用建设短板也很明显，各方包括金融机构都重视不够，没有什么有效的举措；并且，在强调"构建以信用为基础的新型监管机制"口号下，更多地强调以信用手段来加强监管服务，颠倒了两个建设之间的关系。正确的关系应当是，法律、行政执法及司法作为底线保障措施和上层建筑，要为作为重要经济基础的信用及其建设服务，加强市场服务特别是基础服务体系机制的建设，以改善证券市场发展。

金融界要比其他部门更懂得信用建设的规律、更了解信用建设的需求和短板，所以其还应与有经济学科的高校一起，成为信用研究的主力军。后面，我们还将会从信用创造、银行资产负债对社会的特殊意义视角，进一步讨论金融机构的特殊使命。

第四节　普惠金融

如果说信用风险是信用及金融的永恒主题和健康生存之道，那么普惠金融则是当今人们普遍认可的金融发展的重点方向，两者都是信用研究和工作的优先重点课题。但同时绿色金融、数字金融包括数字货币等课题的研究和工作在当今社会也很重要。

一、普惠金融概述

普惠金融，是指遵循机会平等和商业可持续原则，以可负担的成本，为有金融服务需求的社会各阶层和群体特别是小微企业、农民、城镇低收入人群、贫困人群和残疾人、老年人等特殊弱势群体，提供适当、有效的金融服务。

普惠金融，又称包容性金融，这一概念是 2005 年由联合国提出和定义的。发展普惠金融，对于社会文明进步是有长期战略意义的。2013 年"发展普惠金融"已被确立为我国国家战略，是金融行业贯彻新发展理念（创新、协调、绿色、开放、共享）的发展方向。

很多人认为，中国发展普惠金融有制度优势。2015 年我国发布了普惠金融规划，2017 年在全国金融工作会议上提出要建设普惠金融体系，把更多金融资源配置到小微企业和"三农"领域。金融界从商业机构到监管当局，已经在采取以下措施：开展贫困人口商业补充医疗保险，在欠发达地区、比较困难行业和低收入群众发展小额人身保险，针对贫困家庭大中学生开展助学贷款保证保险；设立普惠金融发展专项资金，建立普惠金融指标体系（包含银行业普惠金融重点领域贷款指标体系），差异化监管；完善对普惠金融服务机构的优惠存款准备金率政策，对金融机构符合条件的普惠金融领域贷款实行免征增值税、印花税和减征所得税，提高贷款损失准备税前扣除标准，扩大呆账核销自主权等税收优惠，探索普惠金融试点示范等，加强普惠金融工作。

下面所列出的一些数据能帮助我们直观了解我国普惠金融近几年的发展情况。

（一）普惠金融增长情况

普惠金融领域贷款包括普惠口径小微贷款、农户生产经营贷款、创业担保贷款和助学贷款。

如图 5-1 所示，从贷款总额来看，自 2016 年以来，我国人民币普惠金融领域贷款总额持续性增长，2021 年年末，我国普惠金融贷款总额为 26.52 万亿元，较上年增加了 4.99 万亿元，是 2016 年普惠金融贷款总额的 2.4 倍。从增速来看，2017—2019 年增速增幅较大，从 8.5% 上升到了 23.1%，从 2019 年之后，增速相对保持一种平稳状态，上下波动幅度在一个百分点左右。

图 5-1 2016—2021 年人民币普惠金融领域贷款总额增长情况

（数据来源：通过中央银行发布的年度报告整理所得）

如图 5-2 所示，普惠小微贷款余额从 2017 年之后快速增长，2021 年年末，普惠小微贷款余额为 19.23 万亿元，同比增长 27.3%，增速比上年末低了 3 个百分点；全年增加 4.13 万亿元，同比增加 6 083 亿元。农户生产经营贷款余额在 2016—2021 年间总体上呈平稳增长状态，2021 年年末，农户生产经营贷款余额为 6.84 万亿元，同比增长 14.1%，是 2016 年的 1.6 倍左右。

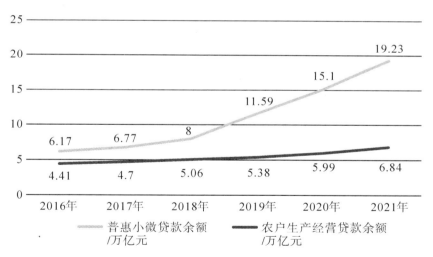

图 5-2 2016—2021 年普惠小微贷款余额与农户生产经营贷款余额增长情况

（数据来源：通过中央银行发布的年度报告整理所得）

如图 5-3 所示，从普惠金融其他方面的贷款余额来看，2016—2021 年建档立卡贫困人口及已脱贫人口贷款余额[①]是远大于创业担保贷款余额与助学贷款余额的。其增幅相对于其他两项也更大一些。2021 年年末，全国脱贫人口贷款余额 9 141 亿元，同比

---

① 图表中 2021 年的数据是"全国脱贫人口贷款余额"数据。

增长 16%，全年增加 1 260 亿元。创业担保贷款余额 2 349 亿元，同比增长 6%；助学贷款余额 1 468 亿元，同比增长 12.3%。

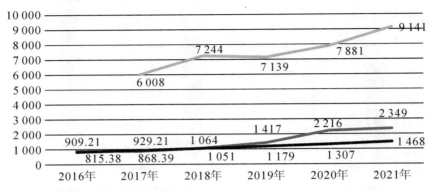

图 5-3　2016—2021 年普惠金融其他方面贷款余额增长情况
（数据来源：通过中央银行发布的年度报告整理所得）

　　总体来说，首先，我国普惠金融贷款总额近年来实现快速增长；且普惠金融贷款涉及的领域逐步扩张，现阶段已经涵盖了助学、创业担保、农户生产经营以及乡村振兴等各个方面。其总体呈现"量增、面扩、价降"态势，这说明我国普惠金融的规模在不断加大。其次，现阶段，越来越多的资金流向小微企业、个体工商户、新型农业经营主体等重点领域是我国普惠金融发展的一个重要趋势。根据银保监会 2022 年 1 月末的统计，我国普惠小微贷款余额为 23.6 万亿元，约为 2018 年年初的 2.9 倍；普惠小微贷款支持小微经营主体约 5 千万户，也是 2018 年年末的近 3 倍。这说明近年我国普惠金融的发展质量在不断提高。

　　（二）普惠金融布局情况

　　如图 5-4 所示，我国银行业金融机构营业性网点数 2014—2018 年一直在增长，2019 年略有下降，截至 2019 年年末，我国银行业金融机构共有营业性网点 22.8 万个，较 2014 年增长 5.02%。由中国人民银行发布的中国普惠金融指标分析报告可知，截至 2019 年年末，全国银行网点乡镇覆盖率 96.61%，较上年略有增加；平均每万人拥有银行网点 1.59 个，同比略有下降。西藏、青海、新疆等地区银行网点乡镇覆盖率持续上升。这说明我国的普惠金融服务在向基层、县域、乡村和社区不断延伸。

图 5-4　2014—2019 年全国银行营业网点数量统计①

如图 5-5 所示，自 2014 年以来，全国联网 ATM 和 POS 机数量持续上升，ATM 机数量自 2019 年之后略微有所下降。截至 2021 年年末，全国共有 ATM 机具 94.78 万台，联网 POS 机具 3 893.61 万台，平均每万人拥有 ATM 机具 6.71 台，同比下降 7.34%，平均每万人拥有 POS 机具 275.63 台，同比增长 0.68%。这说明近年来我国城市社区和行政村基础金融服务覆盖面在不断扩大。

图 5-5　2014—2021 年全国联网 POS 机和 ATM 机统计

（三）普惠金融创新情况

近年来，在大数据以及云计算、人工智能等高科技的推动之下，我国普惠金融的发展逐渐向智能化方向发展，并在现阶段已经取得了显著成就。比如，互联网提高了普惠金融体系的信息共享效率，大数据和人工智能等降低了金融服务的成本和门槛，这样一来就大幅降低了我国小微企业和普通群众接受金融服务的难度。预计在未来，

---

① 2020 年和 2021 年暂无可用数据。

会有更多的科技公司加入这一领域，通过和金融机构的合作来切入金融科技服务领域，而市场有望形成"场景流量方—平台赋能方—金融机构"的多元合作新模式。

数字金融是通过互联网及信息技术手段与传统金融服务业态相结合的新一代金融服务模式，包括数字货币互联网支付、移动支付、网上银行、金融服务外包以及网上保险、网上基金、网上证券交易等金融服务。近年来，数字金融飞速发展，极大提升了金融服务的便利性。

以最具代表性的电子支付为例，中国人民银行发布的《2021 年支付体系运行总体情况》显示，2021 年，银行共处理电子支付业务 2 749.7 亿笔，金额 2 976.2 万亿元，同比分别增长 16.9% 和 9.8%。其中，网上支付业务 1 022.8 亿笔，金额 2 354.0 万亿元，同比分别增长 16.3% 和 8.3%；移动支付业务 1 512.3 亿笔，金额 527.0 万亿元，同比分别增长 22.7% 和 21.9%；电话支付业务 2.7 亿笔，同比增长 16.7%，金额 11.7 万亿元，同比下降 8.5%。2021 年，非银行支付机构处理网络支付业务 10 283.2 亿笔，金额 355.5 万亿元，同比分别增长 24.3% 和 20.7%。

总体而言，自提出普惠金融这一概念以来，在我国政府的大力推动和社会各界的共同努力下，我国的普惠金融服务已经取得了很大的进步。比如已初步建立了多元化的服务体系，服务覆盖面达到一定水平，移动互联网支付得到一定普及。但同时普惠金融也面临着庞大的服务对象和资金需求的问题，要想达到我国经济社会发展的要求和社会的期望，我们未来还需做出更多努力。如何进一步推动普惠金融发展也是我国深化金融体制改革的一项重要议题。

二、我国普惠金融面临的主要问题和挑战

近年来，对于我国普惠金融发展中面临的问题和挑战，建议和解决方案的研究已经有很多。如前所述，有些很切合实际的意见，已在积极实践。

我们这里，仅提出两方面的问题和挑战：

一是开展普惠金融客观存在的不利障碍。例如，金融机构经常立足于自身利益最大化，特别是民营资本主导的金融机构作为纯商业机构有逐利的本性；服务分散、小额客户的平均资金成本客观上比大客户的成本高；支持开展普惠金融的基础服务设施，如帮助识别特殊群体例如小微企业信用风险的征信服务设施几乎没有；促进普惠金融发展的政策机制还不完善；等等。这与大力发展普惠金融是存在矛盾或不适应的。只唱高调而无视这些客观不适应性的存在，是于事无补的。

二是仍然存在的和普惠金融有关的认识上的不足和偏差。首先，很多人对普惠金融的战略意义还认识不足，尤其在仍存在上述客观不利因素的背景下。其次，在普惠金融政策的制定上，存在两种不同的认识：一种是只相信商业原则，认为无需政府出台专门针对普惠金融的优惠政策，只要按照可负担原则、在不突破高利贷利率水平下，用高于一般水平的利率水平来开展普惠金融就可以了；另一种认识正相反，希望政府出台尽可能多、力度尽可能大的优惠补贴政策，来帮助开展普惠金融。

三、发展普惠金融的三方面建议

我们这里提出的发展普惠金融的重点建议,是针对上述问题和挑战,和根据当前国家战略和工作重点提出的:

一是要不断完善、充实促进普惠金融发展的可持续性机制建设。这需要在适度性的支持政策,透明的补贴、考核竞争机制,基础服务设施建设等方面下功夫。①提供"数字鸿沟"解决方案。长期以来,农民、城镇低收入人群、老年人文化程度普遍不高,对新技术、新工具、新产品接受程度较低,产生了二次遭受数字金融排斥问题。因此,针对老年人、文化程度较低人群或轻微智障人群,大数据、互联网、移动终端、人工智能等技术在远程开户、线上支付、网络支付方面应该提供更加简单、方便的服务,以人为本,开发出更方便、更精准、差异化的金融产品,进一步解决老年人、残疾人或轻微智障人员使用不足、效率不高和安全不够的问题,缩小数字鸿沟,提高普惠金融服务范围和普及效能。②适度增加消费金融,有效扩容。深化数字化流程改革,优化消费金融渠道,提供涵盖企业画像、知识图谱、信贷风控、动态定价在内的消费金融方案,确保长尾客群金融服务供给,提升服务效率,灵活变通服务方式,延伸扩大用户群体,增加产品的多样性,拓宽用户范围,提升消费金融的覆盖面,提高消费金融服务的便利性和普惠性。③利用多层次资本市场分散普惠金融风险。未来需要进一步拓展多层次资本市场,给优质小微企业开通诸如股权融资等融资渠道,探索出商业银行、政府风险补偿基金、保险公司、担保公司四方分担机制,完善普惠金融数字化风控体系,利用科创板、中小板、新三板、北交所帮助中小微企业上市,通过资本市场的运作,让更多的社会资本进入普惠金融领域。如,探索建立防灾免灾农村普惠保险,通过诸如种植险、养殖险、价格指数保险和气象指数保险促进政府公共服务进行市场化方式运作,提高灾后理赔扶助的效率和准确性,形成市场化的可持续金融业态。①

二是要在乡村振兴战略中发展好普惠金融。金融要跟上国家乡村振兴建设的步伐,要做到:①健全相关法律体系,规范市场规则。政府需要及时优化管理制度,为农村普惠金融发展奠定良好的基础。相关部门也要加强对法律体系的健全管理,并对市场规则进行规范化处理,确保普惠金融法律体系建设质量能满足相关标准,满足我国农村惠普金融规范管理需求,助力乡村振兴。②进一步推进农村金融基础设施的建设。提高农村金融机构网点覆盖率,鼓励银行向农村地区提供便捷安全的网上支付服务,支持农村金融机构接入专业化清算系统。在新时代背景下,随着我国科学技术水平的不断提升,5G技术的出现更是对互联网金融产生了巨大的推动作用。在进行普惠金融体系的构建与落实中,我们可以通过对数字技术的应用,实现移动终端的线上业务办理,强化大数据分析能力,打破传统管理模式中的空间与时间限制,对金融行业的建设也会产生良好的促进作用,对普惠金融体系的数字化发展也会起到良好的影响。

---

① 零壹财经. 中国普惠金融 2021 年回顾和 2022 年前景展望［EB/OL］.（2022-01-17）［2023-03-10］. https://m.sohu.com/coo/sg/517137446_104992https://m.sohu.com/coo/sg/517137446_104992.

③加快农村普惠金融服务产品创新。首先，金融机构需要考虑到金融产品的多样性特征，并针对不同群体提供个性化服务，确保农民在满足利益需求时能够获得相应的保障。其次，金融机构在日常业务办理时也要考虑到特色化的普惠金融产品，比如针对"三农"，应当鼓励保险业的深入，并设计出有特色的农产品保险；同时，其应进一步开展农产品期货的交易试点，丰富资本市场的层次，拓宽融资渠道。④建立完备的农村征信体系。农村征信体系作为社会信用体系的重要组成部分，是金融生态链的重要一环。为了完善农村征信体系，地方政府与金融机构在进行日常管理的过程中，需要加强对农村信用环境的重视程度，通过信息化技术实现对征信体系的完善处理，加大对信息滞后的管控力度，避免出现金融生态风险，为农民的经济需求提供保障。

三是在持续促进小微企业发展和改善营商环境中发展好普惠金融。在信用专业化、金融（信用）在经济信用中占比不断提高的过程中，非金融的商务信用仍然大量存在，两者均在现代经济生活中发挥着重要作用。很多经济交易活动是以商务信用和金融信用混合的形式进行的，例如国际贸易。货币、金融工具、金融产品和金融资产都是金融信用的代表，而在商品和服务贸易即非金融的商务活动中产生的应收账款则是商务信用的结晶。商务信用存在的主要问题就是小微企业信用被挤占、受到不公正待遇的问题。营商环境的主体就是信用环境。因此，这个建议主要考虑的，是要在商务信用建设这块短板上做好文章，在金融嫁接和支持商务信用的过程中，金融重点服务特殊群体不足的问题才能得到较好的解决，普惠金融也将得到脚踏实地的发展。

具体来说，我们可从以下方面着手推动普惠金融的进一步发展：一是发挥好政府对金融市场的引导作用，健全小微企业融资服务体系。积极完善征信系统，在政府的大力支持下，充分利用互联网、云计算等新技术，挖掘小微企业的潜在价值，不断地收集和分析小微企业的信用信息；强化融资担保业务，比如以国家财政支持为担保基金来缓解商业银行的压力，增强它们向小微企业放贷的信心；净化市场环境，只有社会环境越好，小微企业的生存环境才会越优质，其在融资业务中就会有更强的优势。二是建立普惠金融业务发展新机制。商业银行要建立起尽职免责机制，制定更加完善的小微企业授信流程，制定全新的服务业务考核政策。金融机构应加速推进金融科技战略的速度，利用云计算、大数据、物联网、移动互联、人工智能、区块链、生物识别等技术提高服务能力，推动公司向数字化转变；通过多种途径加速行业产品和业务模式的创新，加速客服服务模式的创新，延伸业务应用场景，打造普惠金融业务新生态。三是用"专精特新"服务实体经济和中小微企业。政府应引导商业银行、非银行金融机构加大对实体经济特别是小微企业、科技创新、绿色发展的支持，开展"专精特新"小额信贷服务，拓展人工智能、3D传感器、人脸（指纹）识别技术、机器学习、自然语言处理、交易风控、舆情分析等场景应用，改进获客渠道、营销方式和风控手段，继续降低迭代和试错成本，为小微企业、农户、个体工商户提供低成本、中长期的普惠型小额贷款，保持社会生活、生产双稳定，提高小微企业金融服务的及时性、普惠性，形成层次丰富、覆盖广泛的"专精特新"普惠金融格局。

当然，做好对消费者个人（尤其是中低收入群体）的金融服务也是普惠金融的重要内容。

由于信用的广泛性和重要性，为信用提供服务的还有许多其他重要部门，例如教育、互联网科技、大数据、法律司法、行政执法等等，实际上各行各业各部门都与信用有密切关系，也都可为信用提供不同程度、功能的服务。后面，我们将单独拿出一章来专门讨论可为信用提供基础服务的基础设施。

思考题

（1）你如何理解货币与信用的关系？

（2）你认为的金融定义是什么？如何理解金融是专门为信用服务的？你认为金融和信用是怎样的关系？

（3）请分别简述借贷型、保障型和投资型三大类型信用的价值运动特点。

（4）你认为金融机构应如何履行在信用建设中负有的责任？

（5）你认为我国普惠金融面临的主要问题和挑战是什么？简述你的一个主要建议。

第六章

信用创造和信用闸门

金融促进了信用的加速发展，这是因为金融特别是银行存在着信用创造机制。现有的金融学科在讲这个问题时，都是只讲银行的信用创造。但是大家可以思考：保险和股权投资是否也对信用创造有贡献？实际上，社会对信用的需求才是驱动信用创造的根本力量。

第一节　信用创造理论

一、信用创造理论的发展

人们认识并开始总结信用/货币创造机制，始于 18 世纪。该理论的代表人物有约翰·劳、亨利·桑顿、麦克鲁德等人。

约翰·劳（John Law，1671—1729，英国银行家）在其代表作《论货币和贸易》中说："一国的实力和财富，与人口、军火和外国商品的数量有关。这些东西依赖于贸易，而贸易又依赖于货币。""没有货币，再好的制度也不能动员人民、改进产品、促进制造业和贸易。""如想和他国一样强大富有，就必须拥有与该国数量相等的货币。"他认为，国家拥有的货币多，创造就业的机会就多，就能增加国民财富。他相信货币具有积极的力量，信用扩大，货币增加，就能促使工商业发展。显然，约翰·劳是一个货币崇拜者。

亨利·桑顿（Henry Thomton，1760—1815，英国银行家）在其名著《大不列颠票据信用的性质和作用的探讨》中说："商品的价格决定于商品的供求比例和通货的供求比例，商品增多对银行券的需求扩大，银行券增多对商品的需求扩大，所以当银行券增多而商品对银行券的需求未扩大时，就必然使物价随之上涨。物价上涨，工资缺乏弹性，一方面刺激生产，另一方面制约消费，从而造成作为资本的商品增多。"他的分析奠定了中央银行货币供给与需求及其对物价的影响的理论的基础。

麦克鲁德（Henry Dunning Macleod，1821—1902，苏格兰银行家）作为近代信用创造论的继承者和代表人物，在《信用的理论》中说："银行及银行业者的本质是信用的创造和发行，所以银行绝不是借贷货币的店铺，而是信用的制造厂。"他认为，信用创造资本，信用就是货币，货币和信用都是财富，信用是生产资本，能带来利润。银行是信用的创造者，因而也是资本的创造者，银行所能创造的资本决定于它的存款准备率。

这三个代表人物对信用/货币创造的认识是不断深化的。

总之，主要由英国人总结的信用创造理论认为：因为信用就是货币，而货币就是财富，故信用就是财富。信用创造资本。信用就是生产资本，通过这种生产资本的扩张即信用量的增加与扩展可以创造社会财富，繁荣商业，使国民经济具有更大的活力。其中，信用创造资本理论是现代西方社会最有影响的信用理论，为以后许多经济学家的理论体系的形成奠定了基础。

精炼上述关于信用/货币创造的理论，有两层意义是可以确定、并在后面我们会经常用到的：一是信用未必一定要依赖货币才能存在和发展。二是自从有货币以来，信用就可以用货币来代表和表达，货币就是信用，货币极大地促进了信用的发展；在同样可以调动生产要素/资源的意义上，信用和货币是一回事。

二、银行的信用创造过程

最简化、抽象的信用/货币创造过程是这样的：

假设，某人 A 有结余的法定货币现金 100 元，将它存入商业银行 B；商业银行 B 为了满足存款人随时提取现金等运营管理的需要，按中央银行规定的政策要求留下 10%，把剩下的 90 元贷给另外一个人 C，并存放在 B 为 C 开设的活期存款账户上。这时，我们发现，A 的存款依然是 100 元，可是 C 的账户上却多出了 90 元活期存款（按照狭义货币的定义也是货币），现在就共有了 190 元真实的货币。这是由于商业银行提供存、贷款活动（经营货币）多创造出了 90 元货币。

类似以上的过程还可以继续，即便贷到款的人把钱花了，那收到钱的人还是同理可把它存到银行里。这样循环下去，数学告诉我们，一开始的 100 元到最后理论上可以变成 1 000 元（100/0.1）的货币供给。商业银行就是以这种存款—贷款—再存款—再贷款的方式创造货币。

由此可见，商业银行每发放一次贷款，存款货币就扩大一次。在这里，初始存款 100 元被称为基础货币，原始存款对于银行体系而言，是现金的初次注入，是银行进行信用扩张的基础。派生存款，是原始存款的对称，是指由商业银行发放贷款，办理贴现或投资等业务活动引申而来的存款。而 1/0.1 = 10 是货币乘数（不考虑其他因素，是准备金比例 10% 的倒数）。货币乘数在经济上的意义就是银行体系用每一元准备金所引起的货币量。我们可以发现，留的准备金比例越小，倒数越大，所能创造出来的货币就会越多。

加上超额准备和现金漏损因素，信用创造的过程可以用表 6-1 来表示。

表 6-1　信用/货币创造过程

银行	存款	法定准备	超额准备	现金漏损	贷款
A 行	100	10	5	5	80
B 行	80	8	4	4	64
C 行	64	6.4	3.2	3.2	51.2
…	…	…	…	…	…
Σ	500	50	25	25	400

三、银行信用创造的相关概念及原理

实际生活中，上述过程及影响因素要更复杂抽象一点。但抽象过程和实际过程的原理是一致的、相通的。简单抽象过程更便于理解。

用数学公式（见表 6-2）来表达信用/货币的创造过程和结果，将更为简明。

表 6-2　信用/货币创造的数学公式

$D = R/r$	（1）
$D = R/(r_d + r_e)$	（2）
$D = R/(r_d + r_e + r_c)$	（3）
$k = 1/(r_d + r_e + r_c)$	（4）
$M/H = (D + C_U)/(R_d + R_e + C_u) = (1 + C_u/D)/(R_d/D + R_e/D + C_u/D)$ $= (1 + r_c)/(r_d + r_e + r_c)$	（5）

在上述公式中：

D——（活期）存款总额

R——"原始存款"

r——存款准备（金）率

R_d、r_d——法定存款准备金、法定存款准备（金）率

R_e、r_e——超额存款准备金、超额存款准备（金）率

C_u、$r_c = C_u/D$——为非银行部门持有的通货（亦称流通中现金 M_0）、现金存款比率（亦称现金漏损率）

$k = 1/(r_d + r_e + r_c)$——货币（创造）乘数

M——货币供应量，即 $M = D + M_0$

H——高能货币（亦称基础货币），$H = C_u + R_d + R_e$

M/H——信用/货币创造能力

公式（3）至（5）是将存款准备金细分为法定准备和超额准备，并考虑了现金漏损，即贷款并不完全转化为存款的现实情况。

要充分理解公式（5）所示的信用/货币创造机制，判断由 M/H 比值度量的货币创造机制的强弱、高低，关键是理解高能货币 H 和货币乘数 k 这两个概念，看这两个变

量数值的影响。

强力货币，亦称基础货币和储备货币，定义为银行存款准备金加上非银行部门持有的通货，即 $H = C_u + R_d + R_e$。它由两部分构成，一部分是非银行部门持有的通货 C_u 或 M_0；另一部分是商业银行存在中央银行的存款准备金（$R_d + R_e$）（为法定存款准备金 R_d 与超额存款准备金 R_e 之和）。需要注意的是，银行体系内的库存现金不属于 C_u。这两部分都是中央银行的负债。乍一看，把它们定义成强力货币，似乎有点让人难以理解，因为它们都是在商业银行体系之外的货币，并不在商业银行手中，似乎并不能由商业银行用来发放贷款、创造派生存款（货币供应量的主要组成部分）。这是静态看问题造成的错觉。实际上，动态地看问题和理解 H 与 M/H 的反比例关系，就可正确理解 H 及其组成部分对货币创造机制的影响了。在其他情况不变的条件下，如果准备金或通货减少，即变成商业银行的存款和可用资金，便会增强其货币创造能力。特别是法定准备金完全是中央银行操控的变量。强力货币 H 还是绝对数值。因此，强力货币及其组成部分，是以绝对数值的反比例关系，来影响派生存款 D、货币供应量 M 和货币创造能力 M/H 的。

货币（创造）乘数 $[k = 1/(r_d + r_e + r_c)]$，是指一笔存款通过银行系统而对货币供给量所产生的倍数作用，即，中央银行新增一笔原始货币 R，通过银行及货币乘数作用，将使（活期）存款总和（亦即货币供给量的主要部分）扩大为这笔新增原始货币供给量的 k 倍。虽然，货币乘数是与货币创造能力成正比例关系的，但由于在货币乘数内部，法定准备率、超额准备率和现金漏损率均与之成反比例关系，因此，这三率是以相对比例数值的反比例关系来影响派生存款 D、货币供应量 M 和货币创造能力 M/H 的。其中，法定准备金率完全是中央银行控制的变量。

当货币供应量是指狭义货币 M_1 时，货币乘数受四大因素的影响，即除了上面提到的现金漏损率、法定准备率和超额准备率以外，还受定期存款占存款的比例或者活期存款占存款的比例的影响。

强力货币和货币乘数的变化，都可以从两个方面起作用：既可以使银行存款、货币供应量和信用规模多倍扩大，也能使之多倍收缩。推动两个变量变动的主要机构仍为中央银行。我们可以分别从强力货币和货币乘数的变化，来观察中央银行调整准备率对货币供应量产生的重大影响。因此一般认为，准备率是中央银行调控货币供应量的最强力工具。

需要补充说明的是，在用数学公式来表述货币创造模型方面，有不同学者定义的不同的模型，例如，有将 $(1 + r_c) / (r_d + r_e + r_c)$ 定义为货币乘数 k 的。但不同的模型均符合"货币供应量=基础货币×货币乘数"的原理。

综上，用最通俗、简洁的语言来总结概括"信用/货币创造"概念就是，信用创造，亦称"货币创造"或"存款创造"，是指政府（通常是中央银行）发行基础货币的增加可以导致货币供应量的多倍增加。信用/货币创造是现代经济体系下一个规律性的货币现象，一个钱当几个钱用，是效率的表现。这是现代国家货币理论中关于货币供应量规律的一个重要理论。

信用/货币创造理论的一个缺陷是，为方便阐述该理论而提出的"原始存款"和"派生存款"概念，在实际生活中是难以区分统计的。但这并不妨碍这个理论成为大家公认的信用/货币的重要原理。

第二节　信用创造实践

让我们从理论回到实践。在现实生活里，信用/货币创造过程是多种多样、丰富多彩的。

由上述理论，我们看到自从有银行特别是中央银行以来，便有了信用/货币创造的机制，这是一种客观存在的规律。下面，我们将先讨论中央银行在信用创造中的重要作用，再从两类机构在货币创造的两个阶段所发挥的作用来看信用/货币创造的实践。两类机构是指商业银行和其他非银行金融机构；两个阶段是指货币创造中获得原始存款/结余资金的第一阶段和发放贷款等信用服务并获得派生存款的第二阶段。

一、中央银行是信用创造的总闸门

当代的中央银行，一般是指在一国金融体系中居于主导地位，负责制定和执行国家金融政策，管理货币供应量与信用活动，履行金融监督管理职责和开展相关核心业务的金融管理部门。中国的中央银行是新中国成立前就组建的中国人民银行。各国关于中央银行的职责和业务的法律规定大体相同。我国 2003 年修订的《中国人民银行法》第四条规定了包括"依法制定和执行货币政策""发行人民币，管理人民币流通"等在内的十三项职责；第三条规定了"货币政策目标是保持货币币值的稳定，并以此促进经济增长。"中央银行的最核心职能是独家、具有法律规定的法定货币发行权。中国人民银行发行的中国法定货币称为人民币。有关中央银行其他职能表述，例如管理通货膨胀、调控货币供应量等，实际上都可以看成这个特权的派生物。

虽然我们说商业银行是信用创造的主要力量，但商业银行在信用创造中是有硬约束条件的。除了信用风险因素的约束以外，其还得有可用资金——要么有吸收的存款，要么可从中央银行那里获得"批发"资金（向其他银行拆借资金，一般只能做短期头寸调剂）——才能进行信用创造活动。而且，这种约束是硬约束。换言之，如果说对于其他约束因素，商业银行可能意识不到或不管不顾，只要有资金，其信用创造活动仍然可以进行的话，而如果没有资金的话，一切就无从谈起。当然，自 2010 年世界主要经济体就《巴塞尔协议 III》达成一致以来，对商业银行资本充足率的要求也是一个硬性的法定约束。

在布雷顿森林体系被打破、美元以及各国货币均与黄金脱钩以后，现代中央银行的核心功能，即法律授予的货币创造特权，完全是靠国家的巨大信用提供支撑。这使得中央银行可以让货币从无到有，为信用创造提供不竭的动力。

在商业银行信用创造过程中，我们提到其起点是获得"原始"资金。我们可简洁地把这个过程概括为"吸收存款—发放贷款—派生存款"。但实际上，吸收存款只是商业银行获得"原始"资金的途径之一；其还有一个重要途径，就是直接从中央银行获得资金，这一般称之为中央银行对商业银行贷款，在中央银行的金融统计上就是中央银行的"对存款性公司债权"。商业银行吸收存款也只能是中央银行提供给社会的现金货币。因此，商业银行可用来进行信用创造的"原始"资金，都是中央银行提供的，把两者放在一起，有储备货币、基础货币、强力货币等称谓，即 $H = C_u + R_d + R_e$。

无论从哪个视角观察商业银行信用创造的源头——强力货币，或商业银行的"资金池"——两者虽有细微的差别——但它们都是中央银行发行的货币，可以看成中央银行向银行体系和社会提供的信用创造的源头工具，是完全受中央银行调控、掌握的。虽然中央银行的调控，也像商业银行发放贷款一样，受到需求和经济运行等许多复杂因素的制约，但这种制约与商业银行放贷受到资金财务硬约束相比较，"硬度"性质是不一样的。也就是说，在信用创造中，中央银行有更大的自主性。换言之，这个自主性相当于赋予了中央银行具有调节向社会提供信用创造源头工具流量大小的能力。因此，人们又把中央银行形象地比喻成信用的总闸门。

中央银行向银行体系和社会提供信用创造的源头工具如果掌握得足够好，即信用总闸门作用发挥得足够好，将极大地促进财富创造和经济发展。这个"足够好"的内涵，与人们通常谈论中央银行宏观调控、货币政策和管理货币供应量的要求是一致的，说到底都是要让货币供应量、金融服务和信用创造与经济的健康发展相适应。

中央银行在信用创造中发挥的作用实例

比如美国的案例。如果把公元 2000 年作为分界线：大体上此前是一部从 1776 年立国、经历南北战争后不断壮大、自由资本主义快速发展、参与两次世界大战后取代英国成为第一强国、赢得东西方两大阵营的冷战后一超独霸走向顶峰的历史；而此后则以 2001 年的 "9·11" 为标志性事件，一部分人担心怀疑而另一部分人认定其已经从顶峰走向相对跌落、注定要失去世界霸主地位，但走向存在很大不确定性的历史。

影响这部历史的原因也很多。而信用作为其资本主义市场经济体制中配置资源的主要机制，也在其中发挥了重要作用。

这是因为在 1914 年美联储成立以后，其开始在美国履行中央银行职能，对银行业进行统一监管，美联储在机构设置、运行模式、监管立法等方面也在实践中不断完善。美国逐渐成为世界上金融市场最发达、监管体系最完善的国家。美联储的成功使得美元的地位不断得到巩固，逐步成为世界货币。

所以说美联储体制设立较晚且曲折的历史，和美联储设立后特别是由美国主导的中央银行货币发行与黄金脱钩以后已经发挥的作用，让人们对现代中央银行在信用创造中的巨大影响及其两面性有了更加清醒的认识。

资料来源：作者根据资料编写。

二、商业银行是信用创造的主要力量

商业银行（Commercial Bank），现在一般都是指法定可以吸收公众存款、发放贷款以及办理票据贴现等业务的金融机构。各国关于商业银行业务的法律规定大同小异。我国 2015 年修订的《商业银行法》第三条规定了商业银行可以经营的业务范围，列在前一二位的就是"吸收公众存款"和"发放短期、中期和长期贷款"；其他业务不是性质类似就是服务于这两个主要业务。一般的商业银行没有货币的发行权。

从信用创造的角度看商业银行的业务，吸收公众存款实际上是其在货币创造的第一阶段获得社会公众结余资金，以此为基础来进行信用/货币创造。虽然"公众存款"和"原始存款"这些概念并没有可统计的严格定义，但我们不妨把它们看成是居民部门在商业银行的各种存款。吸收公众存款是法律赋予商业银行的"特权"，这实际上使商业银行"独家"拥有了进行信用/货币创造的最核心"特权"和功能。

有了"原始存款"这个社会公众的结余资金，即因为公众相信银行而把钱存放在银行，向银行转让了资金的部分使用权，商业银行便可有条件地把它使用出去，进入货币创造的第二阶段。银行把获得的资金使用出去的主要手段是发放各种贷款。贷款一经批准发放，银行同时要做的专业配套服务就是，将这笔贷款的金额存入客户在本行的活期存款账户（如是新客户，就得为其新开设账户）。与贷款本金等额的资金一旦入账客户的活期存款账户，贷款便生效开始计息了，同时，也就意味着贷款客户获得了信用、银行为社会扩张了信用。在这里，代表信用的是客户活期存款账户上增加的活期存款——这种实实在在的货币（甚至是比现金更好使用的货币，尤其在大额资金往来使用上）；而贷款是服务信用的组合工具的一部分，也是信用记账的工具，但贷款本身不能被直接当作货币和信用去使用。代表货币/信用的活期存款，客户和银行都可以随时去使用，所不同的是，客户只能在其活期存款账户上的实际存款金额的限度内使用（假定不许透支），而银行是把众多客户的存款放在一起作为"资金池"，在这个资金池实际总额的限度内，扣除必须缴存的中央银行的法定准备金存款后，剩下的部分（库存现金和超额准备存款）便可由商业银行根据经营规律和需要去使用。此即银行在保证客户取款自由的条件下使用客户的存款资金。商业银行发放贷款所依据的是这个"资金池"，但其又不是发放贷款时就直接使用的，贷款实际操作只是在存贷账户两端同时做财务记账。

吸收存款—发放贷款—派生存款，使银行体系存款总额增加。这个银行可以循环创造信用/货币的过程，即信用扩张的过程，对应实际经济生活，就是依托金融信用服务，组织起更多的生产、流通资源和要素，要么扩大和改善原有产品和服务，要么创新产品和服务，以不断满足人类追求美好生活需要的过程。而这是要以金融机构服务的信用关系是健康的为条件的。

随着金融产品的不断创新，银行除了存、贷款工具以外，还有一些性质效果与存贷款类似的金融工具，如理财产品、基金、债券等，同样可以进行货币创造中的两个阶段——获得原始结余资金和将该资金使用出去产生派生存款。只是，在银行为企业发行债券提供服务的过程中，银行货币创造的典型的两个阶段的服务合二为一了，故有间接金融与直接金融之分。

至此，我们可以清楚地看到，在货币创造过程中起核心作用的，是商业银行为客户开立活期存款账户并据此提供存款、转账、支付等相关的服务，并且这是商业银行的法定特权。如果没有这个特权、特殊功能，"原始结余货币"放在任何人或机构手里，货币创造/增加的关键一跳就难以实现。

进一步思考，为什么当货币以存款货币的形态出现在商业银行的账户时，就能够实现货币创造/增加的关键一跳呢？这是因为存款货币在履行货币的所有功能的过程中，除了在短暂的时间内履行支付功能外，大部分时间都是处于闲置状态的。商业银行正是利用了存款货币的闲置状态，而使得"原始存款"成倍增加了。

为什么说商业银行是信用/货币创造的主要力量，原因就在这里。

三、其他金融机构也是信用创造的重要力量

非银行金融机构是以发行股票和债券、接受信用委托、提供保险等形式筹集资金，并将所筹资金运用于长期性投资的金融机构。非银行金融机构与银行的区别在于信用业务形式不同，其业务活动范围的划分取决于国家金融法规的规定。我国非银行金融机构的形式主要有证券公司、信托投资公司、租赁公司和保险公司等。

在货币创造过程中，除了起核心作用的、可直接提供最具流动性的活期存款的信用服务以外，其他信用/货币创造工具也是必不可少的信用服务工具，除了银行使用以外，其他各类金融机构也各有所长地使用。任何金融工具的使用，只要发挥了获得"原始"资金和将该资金使用出去的功能，实际上就对信用/货币创造做贡献了。因为货币不会消失，排除过去财主有窖藏金属货币、现代贪官有家藏现金的极少数情况，和中央银行收回旧钞销毁更新货币的情况，通常货币是不会退出流通的。即便货币处在灰色、非法交易过程中，它也不会消失，还会回到正常的流通中。当然，防止货币被用于非法犯罪活动，是反洗钱要做的工作。金融工具在服务信用价值流转的过程中，要么在流通中起货币的支付等功能，要么又会回到银行成为存款货币。

以理财保险为例，保险公司先通过发售理财保险积聚了资金、建立了兼具存款信用和保障性信用功能的信用关系；然后，又可利用众多购买同一理财保险积聚的"资金池"，在留足经营头寸（包括理赔备付金）以后，把它使用出去——通常是进行适当的投资，如购买债券、股票等，这实际是进行信用/货币创造活动，扩张了信用。即便是在证券二级市场买卖股票，也是在为信用/货币创造做贡献，因为它使一级市场的代表股权信用的股票获得了流动性——随时可以变现成为真正的货币。

再以 IPO 发行新股为例，在金融机构及金融基础设施的帮助下，发行新股的企业筹得资金支持其扩大生产或对新产品进行投资。细分起来，其第一阶段是通过与购买新股的投资人建立股权信用关系，因为是直接金融服务，企业直接获得现金，但通常也是存放在企业在银行的存款账户上。第二阶段，一方面企业自己可以根据自己的投资经营计划，把这些筹得的资金花出去，这实际也是信用扩张；另一方面获得 IPO 企业存款（你也可以把它看成"派生存款"）的银行也可以进行它的信用创造活动。

虽然，使用不同的金融工具，在信用/货币创造的两个阶段中发挥作用的形式特点

不尽相同，但它们都服务于创造信用/货币的本质是相同的。其中，利用货币帮助实现信用价值流转、获得"（派生）存款"，都需要依赖银行"吸收存款"的法定特权。

实际上，所有的金融活动、金融工具的使用，都是服务于信用创造/扩张的，都是信用/货币创造活动的一部分。如果没有各种标准化的特别是银行的金融工具，信用的快速发展——信用创造是难以实现的。因此，非银行金融机构也是信用创造的重要力量。

四、信用需求是推动信用创造的社会基础 ├────────────────

借助于金融的帮助，建立信用关系、扩张信用和创造货币变得容易、有效率，但是推动信用扩张发展的动力，还是各类主体对各种信用的需求，并且是合法和有效的需求。

首先，有需求，信用的供求关系才能建立。这一点，只要看金融服务的价格例如利率和新股发行价格的变动，对相应信用需求的影响，就很容易理解。高利率将抑制贷款需求；高发行定价，有可能使新股发行失败。相对而言，判断某个信用的需求是否是客观存在的、真实的，比识别这种需求的合法性和有效性难度要小一些。

其次，对信用的需求，还必须是合法合规的需求。2020 年 11 月蚂蚁科技在科创板的上市进程被"暂缓"（后续看是"取消"），金融监管当局整治互联网金融 P2P、"校园贷"，等等，都给我们提供了生动的案例。虽然法律法规特别是禁止性规定都很明确，但相关人员要掌握好合法合规的界线，包括信用需求的合法界线，有时候并不是一件容易的事情。这也是商业银行在面对贷款申请时，事前要做的第一项风险审查——合规性审查。

最后，对于信用的需求也是要有有效性的。相比识别信用需求的真实性和合法性，其复杂性和识别困难程度更大。就一般商品和服务的需求而言，需求的有效性，是指是否有支付能力的需求。由于信用的双边或多边关系和时间间隔等特征，判断信用需求的有效性，比判断一般需求的有效性要更为复杂和困难。因为信用是价值往来关系，不像消费一般的商品和服务，不能以为信用当事人有意愿和能力建立起信用关系，就可判断有关当事人对信用的需求就是有效的。这是必要的，但显然还不够，要判断信用需求的有效性，更重要的是，未来授信方能否如约完成价值运动的"返还"过程，至少是授信方式能够接受和承受的。

可以看出，对信用需求有效性问题的研究，与对信用风险问题的研究，虽然提出问题的概念不同，但要讨论的实际内容是趋于相同和有很大重叠的，因为影响信用需求有效性和信用风险的因素是相同的。只是影响的方向不同，即信用需求有效性与信用风险成反比例关系。人们已习惯于信用风险问题的研究，并且这种研究可以解决信用需求的有效性关心的问题。因此，实践中就没有必要对信用需求的有效性开展系统、深入的研究了，虽然我们也可以观察到少数的这类研究。

我国已经在"创新是第一动力"上形成高度共识，创新已摆在新发展理念的第一位。创新发展必然对股权投资信用提出更多的需求，这也符合我国金融结构调整的方向。更好地满足股权投资信用的需求，是全社会特别是金融界要长期努力做好的。

第三节　信用创造的两面性

一、信用创造的两面性是客观存在

任何社会事物都具有两面性，信用及信用创造活动也一样。

【信用规律之六——信用创造双刃剑规律】信用专业化服务——金融的出现，极大地加快了信用活动的增长和财富创造，但也会有积聚更高的信用风险、加大经济波动等负面影响。

概言之，信用及信用创造的正面效应有：促进财富创造、保障社会经济稳定、促进创新等，不断满足人民对美好生活的追求。负面效应有：严重违约伤害、虚假信用、助长激进冒险、违背经济发展的规律、通货膨胀、生产过剩、经济危机，甚至资助非正义战争等。因此，目前大多数人都认为，为了抑制信用创造的负面影响，我们仍需要不断研究完善约束和调控信用创造机制的社会规则制度和技术手段。

以导致通货膨胀的负面效应为例，如果在信用创造过程中增加了有效供给——创造了相应的价值或超额价值，这种创造就不会导致通货膨胀，反之货币"创造"多而实现价值少，就有可能造成货币过多，从而导致通货膨胀。

自现代银行特别是与黄金脱钩的现代中央银行诞生以来，我们更多看到的是信用及信用创造对促进社会经济发展积极的正面效应，但实际上负面效应的表现例子也比比皆是，现实威胁依然存在。全社会需要对此给予更多的关注和正视。

二、在信用创造中，趋利和避害是相辅相成的系统工程

在信用创造中趋利避害，尽可能让正面效应充分发挥出来，而尽可能抑制负面效应，实际是同一项系统工程的正反两方面的工作，是相辅相成的。鉴于市场机制和各方面的积极力量，都在促进信用及信用创造的正面效应，我们更应关注、研究抑制信用及信用创造的负面效应的有效措施和机制建设。

金融及全社会均有责任，让这个在中国特色社会主义条件下配置资源要素的主要机制更好地发挥作用。鉴于商业银行和中央银行在信用服务及信用创造中的特殊作用和地位，其应当比任何其他社会组织机构投入更多的力量，尤其要不断加强和改善抑制信用及信用创造的负面效应的机制建设。

某些商业银行为了业绩考核和粉饰报表，与企业客户串通所做的贷款虚假操作，人为地增加贷款和存款。这显然是违法违规和有害的。日本为防止和杜绝这种现象，有专门的《派生存款防止法》，并由日本大藏省的"窗口指导"负责执法监管。这类问题，在我国银行业可能也有，未来专门立法或完善商业银行法时应加以注意。当然，商业银行在抑制信用及信用创造的负面效应中需要做的工作，与通常的守法合规、遵循国家经济发展战略政策和信用风险管理的要求是一致的。

三、在信用创造的宏观层面趋利避害，发挥好中央银行的核心职能作用是关键 ├───────

信用及信用创造的正、负面效应，也有宏观与微观之分。其宏观效应，是我们更应该关注的。显然，中央银行由于具有法律授予的调控信用创造的自主性和信用总闸门的特殊地位，其对抑制信用创造的负面效应，尤其在防止信用创造的宏观负面效应，例如货币超发、通货膨胀、信用系统性风险的防控上，负有更大的责任。

简言之，在信用创造的宏观层面趋利避害，发挥好中央银行的核心职能作用是关键。虽然，全社会越来越清楚地认识到这一点，也在立法和社会监督等方面持续作努力，但历史和现实都显示，信用创造的负面效应与正面效应总是如影相随，总体上各国在促进中央银行抑制信用创造负面效应上的表现仍差强人意，人们的担忧甚至在增长。

最现实的例子摆在眼前。号称具有最先进金融制度的美国，2007 年爆发次贷危机，引发了 2008 年全球金融危机，直至 2023 年年初硅谷银行和签名银行接连爆发危机；2020 年新型冠状病毒感染疫情全球暴发后，又带头西方主要经济体纷纷采取大规模经济刺激行动，中央银行资产负债表大幅扩张、货币总量与国内生产总值（GDP）之比以及社会负债总额与 GDP 之比大幅上升、黄金与住房及大宗商品价格大幅上涨，一些国家甚至走上了零利率甚至负利率、大规模量化宽松或财政赤字货币化之路，使世界范围内货币超发问题不断积累、日趋严峻。由此，"货币超发"成为全球范围内备受关注、饱受争议的一个热点问题。

实际上，这里引发人们对美国最大担忧的，还不仅仅局限于经济。美元超发、美元霸权和美联储掌控的货币政策，作为社会资源配置的主要手段，与资本集团建立的其他机制一道，在获取巨大经济利益的同时，还帮助其建立起了无人能敌的军事霸权，包括仍在不断扩充的核武库。未来人类如果不能建立起和谐相处的体制机制，人们对核武器滥用的担忧也许会长期存在。

各国经济运行一旦遭遇比较大的冲击和问题，政府乃至全社会多数人容易向金融部门和中央银行施加压力，这时其往往倾向于靠印钞票解决问题；而少数敢于提醒多印钞票的负面效应的意见往往占不了上风。因为，不论在哪种政治体制下，对中央银行影响最大的都是中央政府，差别只在于影响的程度和形式略有不同。当今世界，所谓中央银行货币政策要依法独立运行，还只是个理想，人类尚没有足够的证据、逻辑和智慧，为中央银行履行货币政策职能（等同于中央银行信用创造职能）设计出一种普遍认为好的制度。

比特币的出现，实际主要反映的是市场对中央银行货币超发的担心。中央银行虽然依法垄断了法定货币的发行，但法定货币并不能垄断货币的所有职能，这就为比特币等市场数字代币的探索实验提供了空间。市场数字代币、稳定币对法定货币发起的挑战时间还不长，但发展很快，各国中央银行本能地对其高度警惕，也在积极应对，考验巨大。2021 年以来，这场法定货币与民间"币圈"的"斗争"趋势已更加明朗。

各国中央银行已经逐渐形成共识——围剿比特币及其带动的"币圈"的野蛮生长。在这一趋势的助推者看来，虚拟货币不过就是一个人造的赌博工具。这给了各国一个提醒：未来要如何更好地汲取历史和现实的教训，建立起有效的约束机制，让中央银行履行好信用/货币创造职能。

中央银行数字货币（CBDC）

如今，诸如 Facebook 的 Diem 或中央银行数字货币（central bank digital currency，CBDC）的发展为货币和支付的历史开辟了新篇章。Facebook Diem 的推出，已成为全球中央银行的"警钟"，传统金融中的资金转移背后的技术并没有真正跟上其他技术的发展步伐。这表明，社会需要有一种数字货币，能够方便消费者（跨境）汇款。

中央银行数字货币（CBDC）是法定货币的数字形式，可以简单理解为"中央银行的加密货币"。任意一个国家的中央银行发行的数字货币都是可以称为 CBDC 的。

国际清算银行表示，Facebook 推出的 Diem 成为 CBDC 研发的转折点。各国中央银行担心，Diem 不仅会对单个国家的货币稳定产生负面影响，甚至可能会对整个世界产生影响。因此，大多数国家都在开发自己的解决方案。

中国、瑞典和加拿大在研发 CBDC 方面处于领先地位。与 2019 年相比，中央银行代表谈到 CBDC 的报告数量有所增加。

根据发行国的不同，设计 CBDC 的方法可能会大有不同，各国一般是根据自己的特定需求量身定制该技术。某些国家可能将基于区块链或其他类型的分布式账本技术（DLT），而其他国家可能仅仅基于一个集中式数据库或其他技术。

我国的数字货币名为 DC／EP（Digital Currency Electronic Payment，数字货币/电子支付），自 2014 年以来我国就开始成立专门研究小组研究 DC/EP，目前已经在部分城市开展了关于 DC/EP 的试点工作。

尽管可以说 CBDC 受比特币等加密货币的启发，但它们却大不相同。CBDC 由国家发行，并由政府宣布为法定货币。诸如比特币之类的加密货币是无边界的，不是由任何中央实体发行的。它们是未经许可，不受信任且不受审查的。

CBDC 的探索也面临着一些挑战，比如商业银行重要性可能被弱化，如果人们决定大量持有 CBDC，就意味着商业银行里的存款可能会被"抽取"。商业银行将不得不用更昂贵的成本来筹措资金，或是提高存款利率来留住客户。

资料来源：https://mp.weixin.qq.com/s/Uk3dgvN_LOxguT3gVQHIMw.

面对相比同时期其他主要经济体更为复杂艰难的经济运行环境，中国政府在宏观经济管理上能够提出并坚持不搞"大水漫灌"和"房住不炒"的思想，反映了对经济运行的规律认识和战略定力的提升。

目前履行世界货币的职能方面，美元仍然占据主导霸权地位。但未来主要经济体货币之间履行世界货币职能的竞争演变趋势还难以预料；现在谈论人类未来与命运共同体相适应的、更好的货币制度，更为时过早。在中美两大经济体的发展和相互影响过程中，一些学者已经开始研究对比两国货币的超发问题，无论如何，科学客观的研究是很有意义的。

综上，各国距离真正建立起让中央银行货币政策趋利避害的保障机制，特别是联动的、平衡的趋利避害机制，还有很长的路要走。

第四节　金融监管

在概要讨论信用服务专业化——金融的最后，我们扼要地讨论一下金融监管，这里仅谈三个问题。

一、为什么需要对金融进行审慎监管？

为什么要对专业化的信用服务进行监管？因为，信用活动是经济的主要活动，是市场经济条件下配置资源的主要机制手段；金融作为专业化的信用服务，是大部分信用活动的枢纽，关系众多经济主体的切身利益；金融风险与信用、经济风险密切相关，如出现金融信用危机，将是社会难以承受的灾难。仅凭这三点理由，我们对金融进行专门的审慎性监管的理由就十分充足了。

此前，我们在第三章讨论互联网金融科技风险问题时，提到我国 P2P 网贷十三年间（2007—2020 年）让很多参与者付出了难以统计的代价，给中国社会留下很多深刻的教训。"蚂蚁科技"暂缓上市的后续进展显示，蚂蚁集团将整体申设金融控股公司，实现金融业务全部纳入监管当中。这些事件的最重要教训就是，至少在当今乃至未来很长时期内的人类文明水平下，金融是需要专门监管的，P2P 就是一个例子①。

【信用规律之七——金融需审慎监管规律】信用广泛存在于经济活动中，全社会各类主体均有保持信用关系健康和防范信用风险的责任。金融是专门为信用服务的，并且是具有双刃剑作用的信用创造机制，因此我们必须对金融机构实行持牌审慎监管。其中，具有信用总闸门法定职责的中央银行、其他金融监管部门和系统重要性金融机构，更肩负特别重大的责任。

二、金融监管的目的和基本原则

从金融是专业化的信用服务，掌握着包括信用创造机制在内的信用这种配置资源要素的主要机制手段的视角，来思考和概括金融监管的目的：

一是维持金融业健康运行的秩序，不断完善体制机制，最大限度地减少金融业的风险，保障存款人、投资者等信用主体的利益，促进金融业和经济的健康发展。

二是确保公平地满足各类信用服务的有效需求，防止欺诈等违法违规活动。

---

① 王靖一. P2P 给我们带来了哪些教训［EB/OL］.（2020-12-01）［2023-03-10］. https://baijiahao.baidu.com/s？id=1684822446086712326&wfr=spider&for=pc.

三是避免信用资源过度集中风险，防止信用和资本垄断。

四是防止金融机构尤其是具有系统重要性机构的风险，避免其倒闭，保障不发生宏观、系统性信用危机。

五是要促进金融机构不断改进金融服务，保障金融业执行中央银行货币政策和国家发展战略政策的传导机制。

为此，金融监管应遵循以下基本原则：

（一）依法原则

依法监管原则又称合法性原则，是指金融监管必须依据法律、法规进行。

监管的主体、监管的职责权限、监管措施等均由相关监管法规规定，监管活动均应依法进行。

监管依据的法规，要根据社会实践的发展变化，而不断做出扬弃、细化和明确等，减少官员的主观裁量空间。

（二）公开、公正原则

监管活动应最大限度地提高透明度。行政监管是公共服务，为的是增进公众利益而不是私人利益。为保障实现此目的，政府应最大透明度地接受公众监督。金融监管也是如此。不仅高阶位的法规要透明，而且低阶位的指导监管官员执法监督的"内部"规范、指南等文件，监管执法的裁决、决定及其依据证据等，均应公开透明。不能公开的，应是极少数依法涉及国家机密的例外情形。

同时，金融监管当局和司法、自律组织应公正执法、平等对待所有金融市场参与者，做到实体公正和程序公正。

（三）效率原则

效率原则是指金融监管应当提高金融体系的整体效率，不得压制金融创新与金融竞争。

同时，金融监管当局应合理配置和利用监管资源以降低成本，减少社会支出，从而节约社会公共资源。

为此，政府应该研究建立衡量金融体系整体效率的考核指标体系，并建立公开透明的比较制度。

（四）独立性原则

金融监管机构及其从事监管工作的人员依法履行监管职责，受法律保护，其他部门、社会团体和个人不得干涉。

（五）协调性原则

这个原则有两层含义：

一是监管主体之间职责分明、分工合理、相互配合。尤其在多部门金融监管体制下，明文做好监管协调十分重要。这也有利于节约监管成本，提高监管效率。

二是协调性原则，也适用于监管者与被监管者之间。即应当依法明确，被监管的各类金融机构负责管理微观信用风险，并以此协助监管者（金融监管当局）管理宏观信用风险；而金融管理部门则负责管理宏观信用风险，并指导而不是直接干预金融机构的具体业务。微观与宏观信用风险的界限，则主要由监管当局依法依规公开透明地界定。

三、金融监管面临的挑战

这里将简要讨论金融监管——是指在我国当前监管体制下，包括人民银行、银保监会、证监会、财政部、国家发展和改革委员会以及国务院金融稳定发展委员会（现已撤销，职责划入中央金融委员会办公室）肩负的直接金融监管职责——所面临的挑战。

挑战是多方面且巨大的。前面第三章在讨论目前我国信用建设中的主要短板时，曾提到过房价高位波动、企业债券违约事件增多、宏观杠杆率过高及金融结构不合理、互联网金融科技风险、小微企业融资难融资贵、商务信用基础薄弱等比较重大的问题。及时处理、解决好这些与系统性信用风险密切相关的问题，是金融监管当局的主要责任。

但显然这些并不容易，都是巨大的挑战。

挑战之一，是要平衡处理好上述问题中的矛盾和利益。例如，发展才是硬道理，支持创新对资金货币的需求与保持币值稳定，坚持不搞"大水漫灌"的矛盾；经济发展与其他重要利益（消费者权益、环境文物等）之间的矛盾；较大信用风险的及时处置与产生道德风险的矛盾；针对高房价及其投机活动的金融调控措施、金融结构调整等涉及的利益调整矛盾；在商业银行资本监管中，如何平衡好资本监管与社会信贷成本和宏观经济稳定的关系；等等。这些都是很棘手且多数都是长期积累的问题和矛盾。迄今为止，并没有适用我国体制条件的现成的解决方案。

挑战之二，新问题新矛盾的挑战。例如，面对人口老龄化，金融科技快速发展、中美甚至中西方的大摩擦带来的新形势，金融如何应变？如何支持养老保险体系为老百姓做好保障？金融科技公司是否要满足相关的资本充足率标准？如何把金融反垄断、防止资本无序扩张引向深入，建立长效机制？如何在引导中小金融机构的创新和规范经营中加强对其股东的穿透式监管？金融界如何参与中西方的长期大博弈？同时，为了在这个大博弈和扩大金融开放过程中，将信用这个国际共同的语言、机制和纽带维护好、建设好，我们应当如何更好地承担起信用体系建设的职责？面对金融机构同类差异大的现实，如何构建差异化监管体系？都是国内金融监管当局需要回答的新问题、新挑战。

挑战之三，如何把金融监管的公权力关进制度的笼子？这可能是更大的挑战。就像其他改革一样，如何将眼睛转向内部，甚至转向影响金融监管背后的更大公权力，是更艰难的。解决这些问题和矛盾，必须要建立公权力更加有效运作的体制机制，这要涉及深层次体制改革。就目前人们的认识水平来看，除了朝着更加公开透明、有效监督的方向努力，我们不知道是否还有其他更光明的方向值得探索？

四、最新金融监管新规

当发现金融活动有较明显的违法和风险倾向需要矫正时，金融监管当局就会根据其职责和上述原则出台必要的新规。金融机构资本是金融抗风险的重要根基，为了强基健体，监管当局应修订健全对银行资本监管的规则；2022 年落地的一些涉及银行理财、个人征信、互联网贷款、互联网保险的金融新规，都与我们的生活都息息相关。

（一）商业银行资本监管规则将有较大改革

据 2023 年 2 月中国银保监会网站消息，为进一步完善商业银行资本监管规则，推动银行提升风险管理水平，提升银行服务实体经济的质效，中国银保监会会同中国人民银行开展《商业银行资本管理办法（试行）》的修订工作，形成了《商业银行资本管理办法（征求意见稿）》，拟面向社会公开征求意见后于 2024 年 1 月 1 日起正式实施。

官方介绍的背景是，《资本办法》实施十年来，在商业银行提升风险管理水平，优化服务实体经济质效等方面发挥了重要作用，也为我国金融进一步对外开放创造了有利条件。近年来，随着经济金融形势和商业银行业务模式的变化，《资本办法》在实施过程中遇到一些新问题，有必要依据新情况进行调整。同时，巴塞尔委员会（BCBS）深入推进后危机时期监管改革，先后发布了一系列审慎监管要求作为全球资本监管最低标准，并将在未来逐一开展"监管一致性"（RCAP）评估，确保各成员实施的及时性、全面性、一致性。我国金融监管当局立足于我国银行业实际情况，结合国际监管改革最新成果，对《资本办法》进行修订，有利于促进银行持续提升风险计量精细化程度，引导银行更好地服务实体经济。

本次修订的原则，一是坚持风险为本。风险权重是维护资本监管审慎性的基石。风险权重的设定应客观体现表内外业务的风险实质，使资本充足率准确反映银行整体风险水平和持续经营能力。二是强调同质同类比较。我国银行数量多、差别大，为提高监管匹配性，拟在资本要求、风险加权资产计量、信息披露等要求上分类对待、区别处理，强调同质同类银行之间的分析比较。三是保持监管资本总体稳定。平衡好资本监管与社会信贷成本和宏观经济稳定的关系，统筹考虑相关监管要求的叠加效应，保持银行业整体资本充足水平的稳定性。

本次修订的主要内容是：围绕构建差异化资本监管体系，修订重构第一支柱下风险加权资产计量规则、完善调整第二支柱监督检查规定，全面提升第三支柱信息披露标准和内容。各项监管要求更加明确具体的计量规则、技术标准、监管措施、信息披露内容等。

（二）银行理财将更加重视产品净值

2018 年 4 月，中国人民银行、银保监会、证监会、外汇局联合印发《关于规范金融机构资产管理业务的指导意见》（以下简称"资管新规"），正式拉开了资产管理业务乱象整治的帷幕。根据相关规定，自发布之日起施行，过渡期至 2021 年年底。资管新规落地，意味着刚性兑付的保本理财产品将不复存在。

2021 年是资管新规三年过渡期收官之年。从 2022 年起，资管新规开始实施，打破刚性兑付、实现净值化管理是资管新规的核心精神。

在资管市场中，银行理财产品占据着重要地位。随着银行理财产品体量日益增大，进一步引导其规范发展尤为重要。

资管新规过渡期的三年中，保本型理财产品规模逐步压缩，净值型理财产品占比不断提升。尤其是在 2021 年，银行继续严格落实资管新规要求，理财产品净值化转型提速。①

银行理财产品此前追求的"保本保收益"，实质上是通过期限错配对风险兜底，但从长期来看可能引发系统性金融风险。

随着银行理财进入净值化时代，理财产品净值波动加大，理财收益完全取决于实际投资结果，资管新规将不允许理财机构用其原主观的预期收益率误导投资者。

监管者期望，投资者要接受净值化趋势，要认识到短期账面的浮亏并不代表最终会呈现负收益，长期投资能够抵御市场的短期波动，投资者可以用时间换价值，最终收获稳定的投资收益。

（三）个人信用信息不得过度采集

中央银行《征信业务管理办法》（简称《办法》）于 2022 年 1 月 1 日起施行。在征信业务信息采集方面，《办法》强调，信用信息采集应遵循"最小""必要"原则，不得过度采集；采集个人信用信息应当经信息主体本人同意，并明确告知信息主体采集信用信息的目的；征信机构要对信息来源、信息质量、信息安全、信息主体授权等进行必要的审查；信息使用者使用信用信息要基于合法、正当的目的，并取得信息主体的明确同意授权，不得滥用，等等。

（四）商业银行互联网贷款监管升级

银保监会《关于进一步规范商业银行互联网贷款业务的通知》（简称《通知》）要求"新老划断"，新发生业务自 2022 年 1 月 1 日起执行新要求。《通知》进一步明确了商业银行开展互联网贷款业务的三项定量指标，包括出资比例、集中度指标、限额指标；再次强调严控地方性银行跨区域经营，将关于禁止地方性银行跨区域经营的要求升级；明确法人银行开展互联网贷款业务，应服务于当地客户，不得跨注册地辖区开展互联网贷款业务。

（五）细化互联网保险监管

银保监会《关于进一步规范保险机构互联网人身保险业务有关事项的通知》（简称《通知》）明确，不符合有关条件的主体和产品 2022 年 1 月 1 日起不得通过互联网渠道经营。《通知》明确定义了互联网人身保险专属产品的范围，即限于意外险、健康险（除护理险）、定期寿险、保险期间十年以上的普通型人寿保险（除定期寿险）、保险期间十年以上的普通型年金保险、银保监会规定的其他人身保险产品。

《通知》重点要求解决消费者反映突出的找不到退保页面、找不到投诉入口、退市产品查不到保单、买得快退得慢等服务问题。《通知》还从源头上规范了首月"0"元、"长险短做"等销售误导问题，以及退保高扣费、健康告知晦涩难懂等投诉集中问题。

---

① 台州晚报. 打破"刚性兑付"，资管新规落地 银行理财产品进入"净值化"时代 ［EB/OL］.（2022-01-06）［2023-03-10］. http://paper.taizhou.com.cn/taizhou/tzwb/pc/content/202201/06/content_133895.html.

（六）整治意外险市场乱象

《意外伤害保险业务监管办法》（简称《办法》）从 2022 年 1 月 1 日起开始实施。《办法》规定，保险公司开展业务活动不得存在强制搭售、捆绑销售、夸大保险保障范围、混淆意外险与责任险、向特定团体成员以外的个人销售团体意外险等行为；要求各保险公司报备佣金费用率上限，对实际支付佣金费用率超出报备佣金费用率的公司，依法追究相关责任，以引导保险公司合理支付佣金费用，降低产品价格，更好地让利于消费者。

金融监管对于处于信用高端的金融活动有着直接的巨大影响。金融监管举措是否较好地履行了职责、应对了挑战，消费者可以积极地关注。

思 考 题

（1）请在考虑法定准备、超额准备和现金漏损三个因素的条件下，简述信用创造的抽象过程。

（2）在货币创造公式 $M/H = (D+C_u)/(R_d+R_e+C_u) = (1+C_u/D)/(R_d/D+R_e/D+C_u/D) = (1+r_c)/(r_d+r_e+r_c)$ 中，请简述强力货币 $H = C_u+R_d+R_e$ 及其组成部分对货币创造机制的影响。

（3）在货币创造公式 $M/H = (D+C_u)/(R_d+R_e+C_u) = (1+C_u/D)/(R_d/D+R_e/D+C_u/D) = (1+r_c)/(r_d+r_e+r_c)$ 中，请简述货币（创造）乘数，即 $k=1/(rd+re+rc)$ 对货币创造机制的影响。

（4）请用文字简述"信用/货币创造"的概念。

（5）货币创造中的两个阶段分别是指什么？

（6）为什么说商业银行是信用创造的主要力量？起核心作用的是其什么特权？

（7）为什么说其他金融机构也是帮助信用创造的重要力量？请举例说明。

（8）请简述信用需求有效性与信用风险成反例关系之信用规律。

（9）中央银行的核心功能是什么？如何理解中央银行在货币创造中的自主性？

（10）比特币的出现，实际主要反映的是市场对什么的担心？为什么会有这种担心？

（11）近五年，有哪些金融监管新规值得关注？

第七章

信用基础服务设施

　　基础（服务）设施（infrastructure），是指为社会生产和居民生活提供具有广泛需求的产品和服务的工程设施，是用于保证国家或地区社会经济活动正常进行的服务系统，也是社会赖以生存和国民经济各项事业发展的重要基础条件，包括交通通信、水电煤气、科研与技术服务、园林绿化、环境保护、文化教育、卫生事业等市政公用服务设施等。

　　基础设施提供的产品和服务，可以是公共产品，也可以是准公共产品或私人产品，可根据各国情况和发展阶段来选择比较好的供给体制机制。在现代社会中，经济越发展，对基础设施的要求越高。对新建、扩建项目，特别是远离城市的重大项目和基地建设，更需优先发展基础设施，以便项目建成后尽快发挥效益。各行业的高质量发展，均需要不断完善其基础设施。建立完善的基础设施往往需要较长时间和巨额投资，但具有事半功倍的效果。

　　信用基础服务设施是指主要为信用服务的基础设施，具有重大作用。信用及信用工具和产品，如金融及金融产品，本身是一类中介服务。而哪些为信用提供服务的设施（主要是软设施），可称之为信用基础服务设施呢？按在我国建设的时间顺序，支付清算体系、各类交易所、资产（权益）登记、征信、反洗钱等系统平台，都属于信用基础服务设施。

　　我们拟从概念、现状、主要问题和挑战几方面，来简要讨论以下五个信用基础服务设施，主要着眼于它们提供的服务。至于那些各个信用基础设施都会面临的共性问题，例如体系、合法性、安全运行等，就省略不去讨论了。

第一节　征信

一、征信的概念

　　征信是指在一定程度上为揭示信用风险的状况而提供信用信息服务的活动。《征信：若干基本问题及其顶层设计》（中国金融出版社，2018）提供了三种更严谨的定义，有兴趣的读者可以参考。

征信这个专业词汇中的"信"，主要指的是经济信用，而不仅仅是金融信用；征信也主要是为无资产担保的纯信用、小额信用服务的。征信是从信用活动中分离、进化出来的，是随着信用经济而产生和发展的，是主要为帮助信用活动正常进行而提供的、一种特殊的信息中介服务。征信制度，还可以看作市场化的关于信用的联合奖惩机制。

征信活动/服务最重要的两类业务是基础征信和信用评估。基础征信业务（亦称信用报告业务），是指采集各类信用信息，并主要提供信用报告服务的活动，细分含综合信用报告业务和专业信用报告业务；信用评估业务，是指对借款人或其专项负债未来归还其借款可能性进行评估的活动，含信用评分和信用评级。信用报告主要就是用来进行信用评估的，不论这种评估是由授信人自己做，还是由专业信用评估机构来做。可见，基础征信与信用评估既有明显的区别，又有密切的联系。

基础征信与信用评估的关系

以下几个视角有助于客观、全面理解和把握两者之间的关系：

一是征信活动范畴内两个相对重要的业务和分类。其他征信业务如信用调查、商账催收等，虽然也有独立的需求和市场，但在征信体系中相对重要性要低一些。在有些国家包括中国，商账催收是作为有关联但独立于征信的业务。一个国家的征信体系的主要模式和特点，主要由基础征信与信用评估的服务体系决定。基础征信的重要性取决于其对信用市场的影响面宽度；而信用评估特别是信用评级的重要性则由其对资本市场形成的定价话语权决定。通俗地理解，基础征信是基础的、上游的、低附加值的征信活动；而信用评估则是下游的、高附加值的征信活动。一个国家对这两类重要征信业务的监管，既遵循消费者权益保护的共同原则又有不同的侧重。

二是两类业务的界线相对清晰又不是绝对的。界限清晰，是指从理论上定义两类业务是有侧重的、可以区分的：基础征信侧重于上游的信息采集活动，而信用评估则侧重于对下游的信息主体的综合或专项信用状况进行评估的专业活动。但在实践中，它们又是难以截然分开的：基础征信机构既可以自己研发信用评分产品，也可以与信用评分专业机构合作开发评分产品；信用评级机构当然也会在提供评级服务的过程中沉淀、积累和采集信息，形成自己的数据库系统以支持其评级服务。各国的法规和监管当局对此也都不会、也不可能禁止。即便如此，在客观专业化分工的基础上，在征信活动中区分这两类业务还是很有意义的。

三是基础征信机构与信用评估机构的关系是市场关系，而不是行政关系或法律关系。就两类征信业务关系而言，其主要特征是上下游关系。在一般意义上，上下游的产品或服务，是由相互独立的市场主体提供，其是一个公司都生产，还是在一个集团企业内产出，在市场条件下，通常都是由市场决定的。基础征信机构与信用评估机构的关系，也一定是市场关系。即它们之间是否要建立或建立什么样的合作关系，是由市场决定的，而无需由法律来规定，或由监管部门出于什么目的来指定。但监管当局当然可以为引导、鼓励两者建立更有效的合作关系创造更好的政策环境。

随着改革开放特别是我国专业银行体制向商业银行的转变以及信用活动的快速增长，征信业率先恢复开展独立专业信用评估、后开始探索建设基础征信服务，也有约40年的快速发展了。应该说，我国现代征信业的初始建设和基本服务，基本适应了我国信用特别是金融银行信用快速发展的需要，但是仍处于很初始的发展阶段，还远不能说较好地满足了信用发展的需要。

从我国改革开放以来，征信活动恢复发展的时间顺序看，外部信用评级活动出现得最早。从20世纪90年代初中国人民银行在各省市兴办信用评级公司，经市场优胜劣汰发展到今天，上海新世纪资信评估投资服务有限公司、联合资信评估有限公司、中诚信国际信用评级有限责任公司、东方金诚国际信用评估有限公司、中债资信评估有限责任公司、大公国际资信评估有限公司、上海远东资信评估有限公司等信用评级公司是为大企业和资本市场提供外部信用评级服务的主要供给方。为中小企业做信用评级的机构有1 000多家，良莠不齐，虽然信用评级机构数量众多，但是大规模的机构较少，大多为地方性评级机构，尚未出现知名品牌，因此信用评级的业务量和稳定性难以得到有效保障。在信用评分活动中，在泛化信用的干扰下，一些地方行政主导的异化、泛化"信用评分"倒是不少，可是金融机构选择付费使用的很少；芝麻（信用）分等大电商平台推出的信用分，应归入电商平台场景的平台内部商务信用个人评分。中央银行征信中心推出的"信用报告数字解读"，实际上是个不错的信用评分，但因与中央银行关系过于密切、市场化程度较低，所以未以信用评分之名在市场推广。评级机构如果缺乏独立性，在市场中就难以长期地生存。总之，外部信用评分服务还没有形成一批具有公正性和独立性的知名品牌。实际上，整个信用评估业离创建国际化的知名品牌还有很长的路要走。

基础征信业，迄今，作为征信行业的监管者——中央银行，共主导设立或批准设立了中国人民银行征信中心、百行征信股份有限公司和朴道征信股份有限公司三家个人征信机构，备案了130多家企业征信机构。业务规模和影响较大的仍是兼做企业和个人征信业务的中国人民银行征信中心；后两家机构出世不久，市场很关注两者的后续发展，期待能有效改善基础征信服务供给。据中国人民银行征信中心统计，2022年个人和企业征信业务查询量分别达到41.7亿次、1.2亿次，日均查询量分别为1 143.2万次、32.6万次。自中国人民银行征信系统建成以来，查询量一直保持两位数的高速增长。

市场上知名的"企查查"和"天眼查"等企业信息查询平台，虽然都是备案企业征信机构开发的、近似提供基础征信服务的平台（前者自称企业信用查询工具，后者自称商业查询平台），但实际上两者可提供的企业信息报告，所含的信息大同小异，主要包括企业工商信息、法院判决信息、关联企业信息、法律诉讼、失信信息、被执行人信息、知识产权信息、公司新闻、企业年报等。而其中的"失信信息"，也是受泛化信用影响的所谓"公共信用"，而实际是公共部门执法处罚的信息，并非真正的信用交易信息。"易信贷"等地方政府主导建设的所谓信用平台，也是如此。我国的征信系统还未完全覆盖信用交易等信息，信用数据采集的广度和深度还不够合理和全面。未来，它们是否能成为真正的基础征信服务提供商，取决于其能否采集到足够的真正的信用信息。

三、征信服务面临的主要问题和挑战

在我国征信业发展初级阶段，制约征信业或征信体系这个为信用服务的基础设施的问题还很多，各方关心的也不一样。例如，面对以下三个主要问题：

一是征信（服务）的性质定位是什么？

二是征信行政监管的重点职责任务应该是什么？

三是目前征信服务体系的最大短板在哪里？

全社会无论是监管层面还是市场层面的认识都还不清晰，还没有形成主流的共识，甚至还缺乏可以进行有效讨论的机制氛围。直接原因是受到市场"泛化信用"思潮和实践的干扰。

在这里，我们对上述三个问题进行简要回答：

第一，征信主要是为经济信用（交易）服务的一类特殊信息中介服务，中国在现阶段参考国际实践，将其定性为非公共产品是最好或次优的选择。但我们也认识到在当前国内环境下，推动征信服务朝着公共产品或准公共品定性的力量很强大。因此，全社会的最大共识可能是，基础征信既有准公共产品定性并由中央银行征信中心提供服务，又可承认其非公共产品定性由市场机构（国有企业或非国有企业均可）提供服务，以便有一定的市场竞争机制更好地提供服务。而外部信用评估（包括信用评分和信用评级）等其他征信服务则主要由市场机构按市场机制提供服务。只有这样，才有可能做大做强征信业，并可走向国际，更好地为"一带一路"和人类命运共同体建设服务。

第二，根据 2013 年《征信业管理条例》的宗旨——"规范征信活动，保护当事人合法权利，引导、促进征信业健康发展，推进社会信用体系建设"，显然征信行政监管的重点职责任务是保护征信活动当事人的合法权利。但是，其还有保障信息安全甚至国家信息安全的目的。这里，有一个保障信息安全和保护个人信息权益之间的关系问题，需要正确认识和处理：这里的信息安全是服务于个人信息权利保护需要的信息安全。在征信业，并没有脱离保护个人信息权利需要的信息安全目的；广大个体主体的权利保护和信息安全是国家信息安全的主要组成部分；保护个体主体的权利保护和信息安全，是与保护国家信息安全的目标是一致的；要防止把两者割裂开甚至对立起来。如果在征信行业把两者割裂开甚至对立起来，可能是有害的。处理这两者的关系，可能也是人类在百年未有之大变局中需要共同面对的一个挑战。

明确征信行政监管的重点职责任务是保护征信活动当事人的合法权利，就是要为现阶段的合法的个人信用权利及其信用信息权利，不断完善法律规范和监管实践。2021 年年初，中国人民银行针对《征信业管理条例》颁布实施以来，在数字经济、新业态发展中缺乏明确的征信业务规则，导致征信边界不清、信息主体权益保护措施不到位等问题，为提高征信业务活动的透明度，保护信息主体合法权益，发布了《征信

业务管理办法（征求意见稿）》。这也是征信监管当局为保护个人信用信息主体的权利做出的新努力。

2021 年 5 月发生的一个引起刷屏的征信小事件——"征信报告现侮辱字眼"上热搜，为我们这里讨论的征信行政监管重点职责任务提供了一个有力的注解。故事的原委大致如下，江苏南通市民房女士在查询个人征信报告时发现，其职业信息"工作单位"一栏中竟然出现了侮辱性字眼。事件起因于房女士与晋商消费金融公司有贷款纠纷，该公司为催缴贷款，变相施压，在上传征信信息时，擅自填写诋毁性内容。被曝光后，该信息已被删除①。此事件一经曝光，就引发了大家的广泛讨论，大家的关注重点在于，侮辱性的字眼如何逃过审核，写入征信报告并公之于众。此事反映了个人征信信息的采集对于隐私的保护不足，征信行政监管存在责任的缺失和管理的漏洞。

对"侮辱性字句进入个人征信报告"的反思，
为提升征信服务和管理带来契机②

据澎湃新闻网 2021 年 5 月 24 日报道，江苏南通市民房女士在其个人信用报告的"工作单位"一栏中竟然出现了"专业做鸡十年"字样。事发后，向人民银行征信系统报送信息的晋商消费金融股份（晋商消金）有限公司随即做了在线删除处理；征信监管部门已两次约谈晋商消金；征信中心已暂停向晋商消金提供征信查询服务；后续可能还会有监管措施出台。

事情本身并不复杂，房女士和晋商消金之间因为贷款有了纠纷，晋商消金上传信息夹带了私货，在监管部门介入下，个案问题很快得到解决。社会已进行了初步的积极反思，舆论关注的重点是，侮辱性字眼是如何躲过审核，写入信用报告的。

对这一事件的社会积极反思：

一是在信息采集环节，个人信息权益的保护仍要进一步加强。虽然征信报告用途的法律定位——授信人管理信用风险的基础性参考工具——是合适的，仍应坚持，但很多人已经认同了"信用报告如同个人的经济身份证"的观念，无论如何，信息进入征信报告是一件非常严肃的事情。毫无疑问，应当杜绝侮辱性的字句进入个人征信报告。显然，包括自律和监管的征信管理制度机制建设，还存在很大的改善空间。

二是个人信用报告的信息采集原则和种类，应由法定。由于个人征信和企业征信存在很大不同，我国征信立法已经确立了对个人征信业务进行严格管理的审批许可制度，并且《征信业管理条例》也已经对个人信用报告的信息采集原则和种类作了原则性规定。现在看来，法规及其监管要求尤其是有关禁止采集的信息种类的规定，还需要进一步明确和细化。前不久，中央银行向社会发布《征信业务管理办法》

---

① 新华网. 个人征信报告岂能现侮辱字眼？［EB/OL］.（2021-05-26）［2023-03-10］. https://baijiahao.baidu.com/s？id=1700777772388468467&wfr=spider&for=pc.

② 汪路. 对"侮辱字句进入个人征信报告"的反思［EB/OL］.（2021-06-04）［2023-3-10］. https://opinion.caixin.com/2021-06-04/101722889.html.

（征求意见稿）展现了征信管理的正确发展动向。社会对这一事件的反思，应当有助于中央银行出台一个更好地保护个人信用信息权益的业务管理办法。

三是要从管理制度和技术上，进一步落实法规监管要求。这一事件表明，征信的微观管理，还需要从管理制度和技术上，进一步加强落实征信法规监管要求的制度机制建设。在微观征信管理制度上，无疑要坚持"谁传送谁负法律责任"的法定原则，在集体主体文化背景下，既要落实报送主体单位集体的责任，也要注意明确到人（管理和操作岗位）的责任。此事后续进一步应处罚到人，须看晋商消金是否有健全的征信管理制度，以及违法报送信息的操作是否有证据证明是经过领导批准的。在技术制约保障上，各报送机构都要加强技术自动审核把关，特别要增加对侵犯个人信息主体权益信息和政治性信息的防范。但这种反思，不宜扩展到对征信系统在数据接收和加载环节增加过多的事前审核责任。这种不宜，有两个原因：一是像社会不可能把预防犯罪的责任都加在司法机构身上的道理一样，即便如此也杜绝不了犯罪；二是现在的技术水平和资源，也不支持这样大规模的事前预防，未来也许可以。但这并不意味着，基础征信机构在信息采集的较靠后的环节，没有改善落实法规要求的空间，比如可以适度增加数据加载的事前和事后抽查审核等。

除此以外，令人感到欣慰的是，还有以下对泛化信用的反思："除了中央银行的个人征信报告，不少地方也推出了一些带有地方特色的准征信报告，'黑名单'制度，一些地方还把闯红灯、错误垃圾分类等不文明行为信息也纳入到了征信系统里。有些地方自己出台个规范就开始收集征信，缺乏严格的立法过程和上位法的支持，也没有充分考虑到对个人或者法人权益的保护。""数字化时代，个人信息可以很方便地互通互联，也为各种征信系统的建设提供了便利。但是，哪些可以纳入征信范围，哪些不适合，哪些机构可以记录，哪些机构没有权力写入，是有讲究的。征信事关个人核心利益，社会需要制定一套严格的规范约束征信行为，防止征信系统被滥用。更要防止泛化，防止一些地方把征信报告当成治理社会问题工具的冲动。"

我们相信，这些适当的反思，可为提升征信服务和管理带来契机。

《个人信息保护法》的实施在我国是有巨大挑战的，征信业有理由为该法的高质量实施做出较大的贡献。

第三，目前我国征信服务体系中的短板还不少：个人信息权利保护还很薄弱；信用评级业离做大做强、在国际资本市场占有一席之地还有很大差距；尚未有市场认可度高的外部信用评分产品；覆盖适合资本股权投资信用、保险信用和商务信用的基础征信服务还基本阙如；基础征信服务供给不足，便给有关基础服务的灰色交易甚至欺诈犯罪提供了市场空间，例如受到有关部门关注的违规获取个人信用报告、"征信洗白"等现象。在这些短板中，相对而言，个人信息权利的保护薄弱和基础征信服务尚未覆盖非金融的商务信用活动，可能是两个最大或至少是重大的短板。

征信个人信息权利保护问题，已越来越引起各方的重视，讨论也越来越多和深入。应当承认，国际的先进理念和做法值得我们深入研究和借鉴。例如，个人信息保护发展较为领先的欧盟于 2018 年发布《通用数据保护条例》（GDPR），明确了个人对本人信息享有的权利和数据处理机构应承担的责任，为其他国家制定数据保护法规提供了有益借鉴。这个问题，与大数据和数字经济的发展问题紧密关联。国内一些学者从征信替代数据的视角，正进行着有益的思考。由于传统的征信体系存在固有的局限性，即存在大量征信"白户"。根据中央银行公布的数据，截至 2020 年年末，中国人民银行征信系统已收录 11.6 亿自然人、1 亿企业和其他组织；其中，有信贷记录的自然人 7 亿人，有信贷记录的企业及其他组织 1 050 万户；但目前仍有大量的有信贷需求、却从未获得银行信贷支持的小微企业、大中专毕业生和低保人员是信用白户。因此部分学者从替代数据的角度出发，思考如何促进社会信用体系的发展。但是利用征信替代数据也存在一定弊端。大数据征信机构中存在一部分游离于监管体制之外的服务机构，其进行的信息采集、整理、保存、加工和提供的工作还没有明确的规定，可能会出于经济利益侵犯信息主体的合法权益①。另外，我们在这里提醒一个大家已经注意到、但实际上并未引起足够重视的区别：企业征信和个人征信在数据权益上的本质不同和巨大区别。希望社会足够重视这个区别，以有利于在利用替代数据提升征信服务时，能对保护个人信息权利有更好的讨论。

基础征信尚未覆盖商务信用的短板问题，也是影响广泛的问题。这个短板与征信业和经济信用及营商环境中基础性痛点问题，如中小企业发展包括信息不对称问题、契约精神薄弱问题、信用评级业发展缓慢问题、营商环境问题包括其对商务信用中的弱势债权人产权保护不力问题和普惠金融、供应链融资平台、应收账款融资业务、商业票据发展的基础性支撑不足问题等，均密切相关。

在我国现代征信体系建设初期，我们就认识到：征信作为为信用服务的基础制度，是为整个信用经济而不只是为金融信用服务的。"从信贷信用起步"，只是我国现代征信系统建设走出的第一步。近年来征信体系建设的实践表明，囿于体制机制、行政主导方式和服务金融信用业务定位的局限，现有的三家基础征信机构（人行征信、百行征信和朴道征信）难以胜任采集商务信用信息的使命。

此事重大，在现行的体制下，关键是要落实 2020 年 1 月 1 日起施行的《优化营商环境条例》第三十二条的明确规定，"国家机关、事业单位不得违约拖欠市场主体的货物、工程、服务等账款，大型企业不得利用优势地位拖欠中小企业账款；县级以上人民政府及其有关部门应当加大对国家机关、事业单位拖欠市场主体账款的清理力度，并通过加强预算管理、严格责任追究等措施，建立防范和治理国家机关、事业单位拖欠市场主体账款的长效机制。"为此，我们要从建立一个最好是混合所有制的商务信用基础征信服务平台做起，让公共部门和国有企业带头，在该平台开展更加精细化的服务，提供适应商务信用发展的产品和服务，营造良好的营商环境。至少在强势主体违约拖欠中小企业账款时，能让中小企业没有顾忌地在该平台上合法地分享此类信息。这才是中国真正的公共信用服务需要着力改进的地方。

---

① 尚博文. 普惠金融视域下征信替代数据的功能分析与治理进路 [J]. 河南社会科学，2022，30（6）：63-72.

政府与市场是时候携起手来，对我国信用基础服务设施建设提出更高质量的发展要求，推动市场化的信用基础服务设施（包括征信机制）延伸覆盖商务信用，以早日实现建设覆盖全社会（即全面覆盖经济信用）的征信系统建设目标。

第二节　资产登记

一、资产登记的概念

资产登记可分为内部登记和外部登记。内部资产登记，属于单位资产管理范畴；而外部资产登记是与信用密切相关的概念。

外部资产登记，是指专门的资产登记服务机构，为了产权保护——既保障资产交易的顺利进行，又保障资产担保的信用交易的健康运行——而进行的明确资产权利归属的、带有公证服务性质的权利信息记录服务活动。其功能有二：一是公示的作用，可以预防在资产上可能发生的权利冲突；二是公证，当有关当事人在资产上发生权利冲突时，为仲裁、司法等机构仲裁解决权利冲突提供客观、公正的证据，以起到法律上的对抗第三人的作用。

资产登记也可以分类为不动产登记和动产登记、金融资产登记和非金融资产登记。并非所有资产都需要登记的，只有价值较大的，尤其是当用其来担保保障信用交易时，才需要登记服务，包括动产支持的信用交易。

在物权法定的理念下，资产登记服务通常都是相关部门或机构依据相关法律规定来提供的。但当市场有需求，而法律未做出规定时，其也可由有公信力的机构主动提供。

二、资产登记服务的现状

不动产登记：自国务院令第 656 号颁布《不动产登记暂行条例》（自 2015 年 3 月 1 日起施行）以后，我国不动产登记服务已经进入比较成熟完善的阶段。根据该条例，涉及不动产的以下权利，可以合法统一登记：（一）集体土地所有权；（二）房屋等建筑物、构筑物所有权；（三）森林、林木所有权；（四）耕地、林地、草地等土地承包经营权；（五）建设用地使用权；（六）宅基地使用权；（七）海域使用权；（八）地役权；（九）抵押权；（十）法律规定需要登记的其他不动产权利。

另外还有一类符合不动产特征的自然资源。2019 年自然资源部、财政部、生态环境部、水利部、国家林业和草原局颁布了层级属于政府部门规章的法规《自然资源统一确权登记暂行办法》，制定了关于水流、森林、山岭、草原、荒地、滩涂、海域、无居民海岛以及探明储量的矿产资源等自然资源的所有权和所有自然生态空间统一进行确权登记的法律规范。对这两类不动产（土地房屋和自然资源），国家实行统一登记制度，也是由中央政府层面设立的专门登记机构——自然资源部不动产登记中心（自然资源部直属事业单位）及各级政府设立的不动产登记机构提供登记服务。

自然资源统一确权登记以不动产登记为基础，依据《不动产登记暂行条例》的规定已办理登记的不动产，不再重复登记。虽然不动产依法统一登记的工作一直在推进，2018年自然资源部也宣称，全国统一的不动产登记信息管理基础平台已实现全国联网，但实际上目前两类不动产登记相关的、关键的登记及其查询等服务，仍然按照分级和属地相结合的方式进行管辖和服务，还没有全国统一的不动产登记服务网络平台。

动产登记：就是指各类企业资产负债表对应的动产项目的登记。我国2007年颁布的《物权法》，2015年出台的《不动产登记暂行条例》统一规范地将土地和房屋合并进行登记，加上2019年的《自然资源统一确权登记暂行办法》，我国的不动产登记正在走向行政统一提供服务。而关于动产的统一登记，虽然很多人认为也很有必要并在努力推动，但迄今还没有一部关于动产登记的统一法规，有的只是分散于各层次法律法规中的有关单项动产登记的规范，例如有关各类交通器具（飞机、轮船和汽车等）、机器设备、知识产权、各类金融资产、应收账款等等动产的登记。各类动产登记机构也很分散，主要的仍是政府或事业单位，只有负责金融资产登记的机构和中央银行征信中心在2011年年底设立的中征（天津）动产融资登记服务有限责任公司等是企业，但后者只是依附征信中心在作一些辅助的登记服务。

金融资产登记：可能是因为金融部门市场化程度高，所以给各类金融资产（债券、上市股票、信托资产、融资租赁、资产支持证券ABS）提供登记服务的机构，都是公司制的企业，但其都是和国有企业分开单独设立的，如中国证券登记结算有限责任公司等。

非金融资产登记：因为全部资产（不动产和动产）中，不属于金融资产的，自然就是非金融资产了，其中有登记需求的自然就是非金融资产登记了，不必重复赘言。

在所有资产登记中，尤其值得关注的是动产中属于非金融资产的登记问题。因为国内外均有一个惯例，也是法律普遍认可的：动产的交付即为占有。但是动产支持融资活动时，例如租赁、担保等，经常会有动产的占有使用与动产的所有权相分离的情形，如果没有动产权益登记的服务帮助，就可能产生物权冲突，进而威胁到动产支持信用的安全健康。

21世纪以来，中国人民银行征信中心提出并推动建设的动产融资统一登记公示系统，是在物权法授权开展应收账款质押登记的基础上，先后增添应收账款转让，融资租赁，存款单、仓单、提单质押，保证金质押，存货质押，留置权，动产信托，生产设备、原材料、半成品、产品抵押和其他动产和权利担保的登记服务过程中发展起来的。这些登记业务，在中国人民银行征信中心的网站上均有简介。

以上动产和权利担保登记，均是针对动产担保交易中存在标的物占有与所有分离的现象，权利人需要公示权利状况而提供的登记服务。

以上重点简介的中国人民银行征信中心动产融资统一登记公示系统，登记服务的主要特点是电子登记、集中统一、自主操作、不进行实质审查。该系统是目前我国唯一符合世界银行营商环境评估的动产担保登记系统，较好地为市场主体提供了有关动产权利的基本登记和查询服务，已平稳运行十多年。据中国人民银行征信中心统计，截至 2022 年年底，动产融资统一登记公示系统累计发生登记 2 212 万笔，累计发生查询 1.47 亿笔。2022 年发生登记 768 万笔、发生查询 3 522 万笔，同比分别增长 32%、27%。截至 2020 年年底，登记系统累计发生登记 861.6 万笔，查询 8 371.8 万笔。2020 年度工作日日均登记量 1.3 万笔，日均查询量约 20 万笔。自中央银行动产融资统一登记公示系统建成以来，登记及查询量每年均实现两位数的高速增长。这说明中央银行征信中心的两个经济信用服务的基础服务（征信和动产权益登记）得到了市场的认可。

功夫不负有心人，近年，在有关部门的开明支持下，中央银行推动动产统一登记（现阶段实际上还只是非金融动产的统一登记）工作不断获得进展：

——《关于做好应收账款质押及转让业务登记和查询工作的通知（津金融局〔2014〕8 号）》，此为地方政府部门官方文件首次支持了中央银行自主提供的应收账款转让登记业务，很有意义。

——《最高人民法院关于审理融资租赁合同纠纷案件适用法律问题的解释（法释〔2014〕3 号）》第九条规定，"承租人或者租赁物的实际使用人，未经出租人同意转让租赁物或者在租赁物上设立其他物权，第三人依据物权法第一百零六条的规定取得租赁物的所有权或者其他物权，出租人主张第三人物权权利不成立的，人民法院不予支持，但有下列情形之一的除外：（二）出租人授权承租人将租赁物抵押给出租人并在登记机关依法办理抵押权登记的……"此司法解释实际上首次从国家司法层面认可了中央银行探索的融资租赁登记可对抗第三人的司法效力。

——《国务院办公厅关于积极推进供应链创新与应用的指导意见（国办发〔2017〕84 号）》提出："健全供应链金融担保、抵押、质押机制，鼓励依托人民银行征信中心建设的动产融资统一登记系统开展应收账款及其他动产融资质押和转让登记，防止重复质押和空单质押，推动供应链金融健康稳定发展。"这表明国办开始明确支持中央银行探索的其他动产融资质押和转让登记服务。

——2019 年 10 月，国务院发布的《优化营商环境条例》明确，国家推动建立统一的动产和权利担保登记公示系统。

——2020 年 5 月《中华人民共和国民法典》删除了《中华人民共和国物权法》《中华人民共和国担保法》有关的动产担保登记机构，为动产统一登记预留了空间，并为动产和权利担保登记规范作了原则规定。

——2020 年 12 月 14 日国务院常务会议决定，从 2021 年 1 月 1 日起，对动产和权利担保在全国实行统一登记。原由市场监管总局承担的生产设备、原材料、半成品、产品抵押登记和人民银行承担的应收账款质押登记，以及存款单质押、融资租赁、保理等登记，改由人民银行统一承担。这是各方对中央银行近年推动动产融资统一登记工作的认可和支持的结果。

三、资产登记服务面临的主要问题和挑战

资产登记这个主要为产权保护和信用服务的基础设施，相对比较突出的问题在于分散的动产登记状况。从便利服务各类动产融资的角度，十多年来中央银行一直在推动这个问题的逐步解决。但这会触动各部门的利益。但如前面介绍的，可喜的是，动

产统一登记服务体系建设工作进展得比原来估计的要快，自 2020 年实施的《优化营商环境条例》明确，国家推动建立统一的动产和权利担保登记公示系统后，可以说，我国建立统一的动产和权利担保制度及统一的登记系统的方向和大局已定。

后续的挑战，主要是如何建立可持续的动产统一登记系统的高质量发展机制，即如何分别加快建设不动产、动产（或先做非金融动产）统一登记制度及服务体系落地的过程，建立长久的好机制，不断改进登记相关服务，以更好地为产权保护和信用服务。为此，我们的建议有三条：一是立法，现阶段只需立一个国务院条例即可，例如"动产或（非金融动产）登记条例"，按照先进的登记服务理念和实践，把对登记服务的高质量要求提出来。二是将中央银行《动产和权利担保统一登记办法》（中国人民银行令〔2021〕第 7 号）尚未纳入动产和权利担保统一登记范围的担保类型——机动车抵押、船舶抵押、航空器抵押、债券质押、基金份额质押、股权质押、知识产权中的财产权质押等，在条件成熟时也纳入动产统一登记。这具有降低经济运行成本等多方面的社会意义。三是在中央银行现有动产登记服务的基础上，发起设立一个公众上市公司，并独立出来，接受最好的监督，以持续提供高质量的登记服务。

第三节　信用纠纷调解

一、信用纠纷调解概念

调解是指中立的第三方在当事人之间调停疏导，帮助交换意见，提出解决建议，促成双方化解矛盾的活动。

我国目前主要有四种调解形式：诉讼调解（法院在诉讼过程中的调解）、行政调解（行政机关在执法过程中的调解）、仲裁调解（仲裁机构在仲裁过程中的调解）和人民调解（群众性组织即人民调解委员会的调解）。

信用纠纷调解，是指一大类专门为化解信用纠纷矛盾服务的调解活动。信用纠纷调解制度及其服务平台，也是一类重要的信用基础服务设施。

实际上，社会主体个体之间的异议和纠纷矛盾的解决机制，根据其严重程度通常可分为三个层次：第一层次是和解机制，是在调诉对接机制之前的，主要在当事人之间的协商，平和应对变化、解决矛盾的方式和阶段；第二层次是中立第三方介入、当事人自愿的调解机制；第三层次是为解决社会矛盾兜底的法院审判及其强制机制。但是对于一个具体的矛盾，解决矛盾是否一定要经过这三种方式或阶段，并不是绝对的，这取决于当事人的自愿选择。

在三个层次的多元矛盾纠纷化解机制中，我们略去前后两个层次或阶段的信用矛盾解决机制不论，选择专门讨论信用纠纷调解机制，是因为这个信用基础服务设施更多地具有高效、低成本、专业的市场服务特征，如果建设得好，也将为信用健康乃至社会和谐发挥重要作用。因为，社会主体个体之间的大部分异议和纠纷矛盾，例如有关房产、合同、经营、债务等方面的纠纷主要都是信用纠纷；而各种类型的信用纠纷要占到社会纠纷矛盾特别是民商事纠纷的大部分。信用本是好东西，能让生活更美好；但是，信用关系的建立和履行又存在风险，常常伴随着变化、纷争，需要调解。这是人性和社会发展至今的一种真实写照。

二、信用纠纷调解现状

我国民间具有调解化解矛盾的悠久传统，但是新中国成立后在某些特殊时期（主要是"文化大革命"时期），各种调解形式特别是具有较强行业、专业和市场服务特征的调解方式的发展滞后，总体上不能让老百姓满意。调解机制及其服务在信用领域所发挥的作用也是如此。但是，在国际贸易和劳动合同这两个特殊的信用领域，仲裁调解所发挥作用的口碑是比较好的，原因很值得分析和总结，例如遵循国际惯例和保护弱势群体的理念在其中所发挥的作用。这在国内其他一般信用活动中加强仲裁调解机制建设中，是值得借鉴的。

伴随经济、金融的高速发展，当事人不能自行协商解决的各种信用纠纷期盼得到高效、低成本且公正地解决，这种需求是大量的。自国家提出要加强金融消费者权益保护以来，从21世纪开始，在中央银行等金融管理部门的支持下，各省市甚至地市县纷纷设立金融消费纠纷调解组织。较早的有上海市金融消费纠纷调解中心、陕西金融消费纠纷调解中心等；最近的有天津市金融消费纠纷调解中心、宁夏银行业金融消费纠纷调解中心等。调解金融消费纠纷自然是其主要功能和服务。这种在国家加强和完善社会治理、法治、多元化纠纷解决机制建设中应运而生的新型调解形式，类似又不完全相同于仲裁调解和人民调解，专业、便利的特征更加突出。

同时，近年来法院系统主导推进的诉调对接机制建设工作，在有效化解矛盾纠纷、促进和谐共处、协调情理法的冲突、解决案多法官少的矛盾等方面发挥了明显的积极作用。诉调对接中的调解机构组织分为法院主导设立的和非法院主导设立的两种。非法院主导设立的调解组织能够与法院建立对接机制，调解协议也能获得司法确认的支持，反映了法院系统近年来改革的进步。我国已设立的金融消费纠纷调解组织，由于有金融监管当局的率先发起支持，多数已建立了诉调对接机制。

信用卡合同纠纷案件

2015年8月，王某在某银行申领了一张信用卡并激活使用，按照王某与银行签订的银行信用卡领用合约，该信用卡信用额度为24 000元，按月还款。王某使用信用卡期间，未按合同约定履行还本付息义务，截至2022年4月，王某已欠银行借款本金、各项利息共计48 000余元。经银行工作人员多次通知催告，王某仍未按约定偿还借款。为了维护自身合法权益及正常的金融秩序，该银行向西宁市城中区人民法院提起诉讼。

城中法院受理此案后，考虑到案件事实清楚，法律义务关系明确，通过调解平台委派给特邀人民调解员进行诉前调解。人民调解员通过电话沟通联系当事人，并征得双方同意后介入调解，调解员从情、理、法的角度劝导当事人，同时告知被告不履行债务需承担的法律后果。被告王某承认存在违约行为，表示愿意积极还款，希望银行可以酌情减免一些利息，在调解员的积极协调和努力沟通下，最终银行同意减免部分利息，双方达成一致调解协议，矛盾纠纷得以顺利化解。

在本案中，城中法院依法保护了金融企业的合法权益，实现了节约司法资源、减轻当事人诉累、促进社会诚信体系建设的三重功效，有力推动了优化法治化营商环境工作的开展。

资料来源：青海高院：我为群众办实事｜信用卡欠款起纠纷 法院调解化矛盾 https://mp.weixin.qq.com/s?__biz=MzA3Njc0MTA2NA==&mid=2654027262&idx=4&sn=8396c98ccbf6a808d82ecb2d8cb6b1fa&chksm=84993d59b3eeb44fa4c8817b4000ed4ddce9d4135edff1f6e8cc5766a23c5d2aed1f8072f21b&scene=27#wechat_redirect.

一些金融消费纠纷调解中心，为了提升调解的便利性，已经建立开通了网上调解的平台。这种在线争端解决（ODR）平台和机制，满足了大量信用纠纷需要高效、公正和低成本快捷解决的需要，如能在不断完善平台自身制度机制建设中，加强与各行各业（例如金融、电商、征信等）异议服务的对接，是很有前途的。

虽然目前尚无官方统计，但在当前我国社会矛盾突出、民商事纠纷日益增多的时期，金融消费纠纷调解已发挥出越来越大的积极作用。

三、信用纠纷调解制度建设面临的主要问题和挑战

一是信用纠纷调解及其诉调对接服务，是近年才出现的新事物，我们要在未来实践中，充分根据调解及诉调对接服务的特点、规律，扬长避短，不断充实完善其制度机制。

二是与整个经济信用体系的突出短板相关，服务于非金融的商务信用纠纷的调解机制建设还比较薄弱和滞后。

由于专业行业调解的特征更加突出，涉及各行各业的信用纠纷调解组织，除了法律、信用专家，我们还可以更多发挥行业的作用，吸收一些行业专家包括退休专家进入调解队伍。

希望信用纠纷调解服务平台及其制度机制，在国家推进信用和法治建设中，也成为一种重要的信用基础服务设施。

第四节 支付

支付（payment），是付出、付给，多指付款。我们这里简要讨论的支付，是指在购买者和销售者之间的各种交换、交易中发生的付款和收款的活动，是社会经济活动所引起的货币价值转移的过程。支付活动又可细分为交易、清算和结算。显然，支付

服务及其支付体系也是主要为信用服务的基础设施。

现在，生活中的各种支付活动，除了零星的小额现金支付，绝大部分的支付都是通过银行账户服务提供的。随着网络科技的发展，移动支付也已经占据了人们的生活，在国内现在大家出门都不需要带现金，大多数都可以使用网络支付或者是银行卡支付，就连坐公交地铁都渐渐地不需要现金了，可以说如今我们用到现金的次数可以说是少之又少。但是迄今公认的"无现金的国家"是瑞典，而不是中国。瑞典是一个非常发达并且富有的国家，据其银行 2019 年的调查，目前在瑞典只有 2% 的消费额是使用的现金，其余的 98% 都是通过银行卡和手机进行支付的。在瑞典境内总共有 1 600 家银行，其中已经有九百多家、将近六成银行停止了现金服务，估计目前瑞典的无现金比率已突破 99%，这远超出了中国现在的数据。但我国是手机快捷支付最先进的国家，我国人口位居全球首位，人均拥有 9.89 个银行账户，人均持有银行卡 6.58 张，八成人口会用快捷支付，而这个比例还在逐年递增。普华永道会计事务所发布的《2019 年全球消费者洞察力调查》显示，在全球范围内，中国使用移动支付的比例达到 86%，普及率位居全球第一。我国支付体系提供的支付服务现状见表 7-1。

表 7-1　我国支付体系提供的支付服务现状

	数据		趋势
银行账户	截至 2022 年二季度末，全国共开立银行账户 139.74 亿户，其中单位银行账户 8 837.42 万户，个人银行账户 138.86 亿户		银行账户数量小幅增长，单位银行账户数量保持增长，个人银行账户数量增速放缓
非现金支付业务	2022 年第二季度，全国银行共办理非现金支付业务 1 104.56 亿笔，金额 1 165.73 万亿元		
	银行卡	截至 2022 年第二季度末，全国银行发卡数量 92.99 亿张，其中，借记卡发卡数量 84.93 亿张，信用卡和借贷合一卡在用发卡数量共计 8.07 亿张，人均持有信用卡和借贷合一卡 0.57 张；银行卡授信总额为 21.75 万亿元，银行卡应偿信贷余额为 8.66 万亿元，银行卡卡均授信额度 2.70 万元，授信使用率为 39.81%。二季度，全国共发生银行卡交易 1 079.00 亿笔，金额 244.05 万亿元	银行卡数量基本稳定，银行卡受理终端数量有所减少，银行卡交易业务量保持增长，银行卡授信总额基本稳定
	票据	二季度，全国共发生票据业务 2 370.62 万笔，金额 24.70 万亿元；上海票据交易所电子商业汇票系统出票 642.68 万笔，金额 6.97 万亿元	票据业务量总体保持下降趋势，电子商业汇票系统业务量保持增长
	贷记转账等其他结算业务	二季度，全国共发生贷记转账、直接借记、托收承付以及国内信用证结算业务 25.31 亿笔，同比下降 0.54%，金额 896.98 万亿元，同比增长 10.37%	金额保持增长
	电子支付	二季度，银行共处理电子支付业务 680.99 亿笔，金额 754.33 万亿元，同比分别增长 1.05% 和 1.15%。从微信支付和支付宝发起的、带动连接的银行账户发生的支付两项均在其中	业务量基本平稳

表7-1（续）

	数据	趋势
支付系统	人民银行清算总中心系统	二季度，人民银行清算总中心系统共处理支付业务 51.48 亿笔，金额 2 011.67 万亿元，分别占支付系统业务笔数和金额的 1.99% 和 73.75%。其中大额实时支付系统处理业务 1.01 亿笔，金额 1 899.26 万亿元；小额批量支付系统处理业务 10.18 亿笔，金额 11.16 万亿元	大额实时支付系统业务金额稳步增长，小额批量支付系统业务量小幅增长，网上支付跨行清算系统业务金额基本平稳，境内外币支付系统业务量保持增长
	其他支付系统	二季度，商业银行行内业务系统处理业务 45.55 亿笔，金额 541.09 万亿元；银联跨行支付系统处理业务 615.95 亿笔，金额 61.71 万亿元；城银清算支付清算系统处理业务 578.40 万笔，金额 5 553.21 亿元；农信银支付清算系统处理业务 10.43 亿笔，金额 7 596.52 亿元；人民币跨境支付系统处理业务 101.01 万笔，金额 22.85 万亿元；网联清算平台处理业务 1 857.73 亿笔，金额 103.83 万亿元	均保持增长

数据来源：人民银行：2022 年第二季度支付体系运行总体情况。

目前，我国支付体系总体运行虽然良好，但还是存在一些问题和挑战。我们要区分现金支付和非现金支付：

从现金支付看，现金虽然主要服务于小额零售，但我国老百姓尤其是老年人仍有相当的比例习惯于现金支付（有人估计，目前我国现金支付仍占约 20% 的比例）。因此，我国在发展手机移动支付等服务的同时，不宜操之过急，不能不照顾老年百姓的生活习惯。

再从主要的非现金支付看，其主要的问题和挑战有：一是第三方支付的各种安全问题，如其支付应用程序存在安全漏洞，导致了信用卡套现甚至洗钱犯罪问题；个人信息泄漏造成个人信息账户被盗，网络诈骗仍处于高发期。二是一些非银行的、提供专业支付服务的公司存在未按规定完整保存交易记录、严重违反商户实名制、收单交易信息、资金结算、备付金、收单外包业务、商户现场检查、风险监测、收单结算账户设置等管理规定的违规问题，且存在消极配合人民银行检查监督的情况。

我国政府很重视反洗钱监控[①]，早在 2011 年 6 月 1 日就公布了《支付机构反洗钱和反恐怖融资管理办法》（征求意见稿），对拿到第三方支付牌照的支付企业从各个细节上明确了反洗钱和反恐怖融资的义务和监管，征求意见稿从客户身份识别、客户身份资料和交易记录保存、可疑交易报告、反洗钱和反恐怖融资调查、监督和管理等环节详细规定了支付机构的责任。但在实践中，支付机构并未完全遵守。例如，2022 年，

---

① 中国企业家杂志. 互联网洗钱越来越隐秘，揭秘蚂蚁金服的反洗钱之战 [EB/OL]. (2020-02-07) [2023-03-10]. https://zhuanlan.zhihu.com/p/94807479.

银盛支付①因未按规定履行客户身份识别义务，未按规定保存客户身份资料和交易记录，未按规定报送大额交易报告或者可疑交易报告，以及与身份不明的客户进行交易被罚 2 245 万元，这是 2022 年三方支付行业收到的最大罚单。同样被罚千万元级别的还有快钱支付。2022 年 2 月，快钱支付清算信息有限公司因未按规定履行客户身份识别义务、与身份不明客户交易等四项原因，被中央银行上海分行处以罚款 1 004 万元，并责令限期改正。

第五节　交易所

　　交易所（exchange house），通常是指某种或多种资产交易的平台，传统上就是指其所在的一个固定的地点。随着通信技术的发展，交易所提供的资产或商品交易服务，都是通过网络平台来提供了。为了交易的进行，交易所还同时是某种或多种资产及商品等的信息平台。更广义的，传统的贸易集市和现代的服务于大众的众多商品和服务的电商平台，也可以视作交易所（平台）。显然，各种交易所（平台）也是十分重要而且越来越重要的信用基础服务设施。

　　比较重要的交易所，是那些为重要金融资产如证券的交易或重要商品的大宗交易服务的市场；所交易的可以是现货，也可以是期货。因此，证券交易所和商品交易所，是两类最重要的交易所。其中，证券交易所，是为股票、公司债券等金融证券提供交易的平台和场所；而商品交易所，则是以大宗商品（如棉花、小麦、大豆、铁矿石、原油等）为交易对象的。此外，还有金、银等贵金属交易所，金融资产交易所，各种艺术品交易所，等等。

　　国内重要的交易所，有上海证券交易所、深圳证券交易所、郑州商品交易所、上海期货交易所、大连商品交易所、中国金融期货交易所等。它们都是受中国证监会监督管理的，每家交易所的成立都是中国改革开放、市场经济发展的里程碑式成果。

　　上海证券交易所和深圳证券交易所均创立于 1990 年年底，是中国大陆两大证券交易所，分别位于上海浦东新区和深圳市福田区。截至 2023 年 1 月 30 日，两家证交所拥有上市公司 4 496 家、上市股票总市值 84.62 万亿元、流通市值 71.51 万亿元；当日股票成交金额达人民币 10 648.10 亿元。一大批国民经济支柱企业、重点企业、基础行业企业和高新科技企业通过上市，既筹集了发展资金，又转换了经营机制。

　　目前，据世界交易所联合会 2021 年发布的上市公司股票市值数据，全球排名前十位的交易所②是：纽约证券交易所、纳斯达克、上海证券交易所、泛欧交易所、日本证

　　① 天下银保. 40 家三方支付机构今年以来被罚没超亿元，商户管理和反洗钱为何沦为重灾区？［EB/OL］.（2022−08−10）［2023−03−10］. https://www.thepaper.cn/newsDetail_forward_19384335.
　　② 知乎. 2021 全球十大交易所盘点［EB/OL］.（2022−04−14）［2023−03−10］. https://zhuanlan.zhihu.com/p/498528879.

券交易所、深圳证券交易所、香港证券交易所、伦敦证券交易所、印度国家证券交易、多伦多证券交易所。

一个交易所代表着一个市场交易平台，既是法治的平台，交易双方必须遵循有关法律和规则，又是信用（交易）的平台。狭义的交易所，多数都是金融市场。在一个经济体内，不论其发展水平、阶段如何，相对于没有交易所平台的市场而言，交易所代表的市场都是信用最有保障、信用风险最小的市场，因为广泛的参与各方对法规和承诺的执行约束力是最强的，交易者违约的成本最高，虽然走向完善是一个长期过程。

衡量一个交易所代表的（金融）市场的质量和先进程度，主要可从以下几方面考量：

①流动性，是衡量市场质量的最重要因素，是指投资者在任何时候都能够以较低的交易成本买进或卖出大量证券并且对证券价格产生较小影响。②市场透明度与信息揭示程度，指证券交易信息的透明程度，即有关证券买卖的价格、数量等信息的公开披露，以及能够影响交易行为的信息的即时和准确披露程度，是维持证券市场公开、公平、公正的基本要求。③市场稳定性与波动性。其表现为对立统一的关系。研究波动性是对资产选择和定价的需要，而维持市场稳定又对其健康发展至关重要。④市场交易成本与金融市场效率。通常，交易成本越低，金融市场效率越高。

（金融）市场流动性衡量指标又有：①市场广度，指参与者的类型复杂程度。参与者类型和数量越多，市场被某部分人所操纵的可能性就越小，从而市场价格就越能充分反映供求情况和对未来的预期。②市场深度，指市场中是否存在足够大的经常交易量，从而可以保证在某一时期，在一定范围内的成交量变动不会导致市价的失常波动。③市场弹性，指应对突发事件的能力及大额成交后价格迅速调整的能力。在有弹性的市场上，市价既不会一路不振，也不会只涨不跌。

有效市场假说：如果在一个证券市场中，价格完全反映了所有可获得的信息，那么就称这样的市场为有效市场。衡量证券市场是否具有外在效率的标志：①价格是否能自由地根据有关信息而变动；②证券的有关信息能否充分地披露和均匀地分布，使每个投资者在同一时间内得到等量等质的信息。有效市场的形式：①弱式有效市场。在弱式有效情况下，市场价格已充分反映出所有过去历史的证券价格信息，股票价格的技术分析失去作用，基本分析可能帮助获得超额利润。②半强式有效市场。价格已充分反映出所有已公开的有关公司营运前景的信息，技术分析和基本分析都失去作用，内幕消息可能获得超额利润。③强式有效市场。价格已充分反映了所有关于公司营运的信息。没有任何方法能获得超额利润，即使有内幕消息者也一样。

完善的（金融）市场要满足下述条件：资金流通无阻力、产品市场和证券市场都是完全竞争市场、市场信息的交流是高效率的、参加市场交易的个人都是理性的。

我国仍处于社会主义的初级阶段，各类市场距离达到完善的市场条件，还有很长的路要走。在不同时期设立、处于不同发展阶段的交易所，现阶段面临的主要问题也可能不同。

仅以两个证券交易所市场建设为例，目前存在的主要问题和挑战：

一是如何把全面从严治党、党建引领与市场建设、监管结合起来，保障监管和市场建设举措，向着现代化经济体系高质量发展的内在要求——世界一流证券交易所、不断完善的金融市场目标迈进，最好能够为此建立专业、独立、定期公开的评估报告制度。

二是要把交易所市场的信用建设提升到与监管法治建设同等重要的高度，研究符合资本市场的信用建设规律、实际的有效举措，以更好地发挥证券交易所市场及上市公司在国家经济信用体系建设中的引领作用。

另外，反洗钱（anti-money laundering）及其体系，即在市场主体的金钱往来（主要是信用往来）中识别和惩治洗钱犯罪的公共服务活动及其体系，也是主要为信用服务的一种重要基础服务设施。虽然这主要也是金融机构需要按照法规和监管的要求，履行的一线反洗钱职责，但这类活动属于法治及公共服务而不是市场服务性质，本书不做过多的讨论。

实际上，不同的人对信用基础服务设施的范围的看法可能会有差别，但是至少，金融基础设施都属于信用基础服务设施，应该是没有异议的。

【信用规律之八——信用基础设施规律】信用基础服务设施，具有服务面广、在信用服务体系中不可或缺、风险约束机制强等特点。投资建设信用基础设施，具有事半功倍的效果。

因此，信用基础设施防控信用交易风险的效率特别高；同时信用研究智库论坛建设也是很有意义的。各国都会花大力气把信用基础设施建设好。

思考题

（1）为什么说投资信用基础设施建设，具有事半功倍的效果？

（2）您认为哪些属于信用基础服务设施？简要说明理由。

（3）为什么说未覆盖非金融的商务信用活动，应是基础征信服务乃至征信业的最大短板？哪些营商环境中的基础性痛点问题，与此密切相关？

（4）征信行政监管的重点职责任务是什么？如何在征信业中，正确认识个人信息权利保护与信息安全之间的关系？

（5）外部资产登记的服务功能有哪些？请简述。

（6）请简述近年来我国动产统一登记工作的进展。

（7）为什么说信用纠纷调解制度及其服务平台，也是一类重要的信用基础服务设施？

（8）迄今公认的"最少现金支付的国家"和"手机快捷支付最先进的国家"，分别是哪个国家？

（9）一个完善的交易所代表的（金融）市场要满足哪些条件？

（10）信用基础服务设施有哪些共同的特征？

第三篇
诚信

第八章

道德诚信与诚信文化

文化是一个宏大的概念，文化的定义据说有三百多种。本书归纳了以下几个主流定义：辞海中记载，文化是人类劳动成果的总结。其中的人类劳动成果，包括物质成果和精神成果。百度百科的定义认为：① 文化是人类社会相对于经济、政治而言的精神活动及其产物，分为物质文化和非物质文化。诚信是道德的重要内容，道德属于非物质文化，因此诚信也是文化的重要内容，可称之为诚信文化。

诚信文化，与文化的其他重要组成部分如教育、科学、艺术、政治、经济和法律等相互关联、相互作用。

下文尝试从下述四种诚信文化关系方面，讨论"道德诚信与诚信文化"这个主题。

第一节　诚信与其他道德

一、信是传统伦理道德的"五常"之一

在中华文化中，仁、义、礼、智、信，是孔子等历代儒家提倡的做人的起码道德准则，称作"五常"。这"五常"贯穿于中华伦理道德的发展中，是中国传统价值体系中的核心因素。人们对于有相互影响的"仁义礼智"的含义，可能有不尽相同的理解，但对"信"的基本含义的理解——说话算话，一直较为稳定、没有歧义。

中华传统伦理道德的养成，深受"人之初，性本善"的影响。《孟子·告子上》"性善说"解释："恻隐之心，人皆有之；羞恶之心，人皆有之；恭敬之心，人皆有之；是非之心，人皆有之。恻隐之心，仁也；羞恶之心，义也；恭敬之心，礼也；是非之心，智也。仁义礼智，非由外铄我也，我固有之也，弗思耳矣。"信，指信守诺言，诚

---

① 百度百科. 文化［EB/OL］.（2021-01-06）［2023-03-10］. https://baike.baidu.com/item/%E6%96%87%E5%8C%96/23624? fr=aladdin.

实无欺，忠实于自己所承担的义务。"信"的这个核心要义，自春秋时期就成为道德规范，到董仲舒把它加插入"五常"，直到现代，都没大的变化和歧义。

"人而无信，不知其可也。"（孔子《论语·为政》），汉语中讲"信"的重要性的名言不可胜数。诚、信、诚信在中华文化中源远流长。

诚信与道德二者属于包含与被包含的关系。广义信用中除去经济信用后的狭义诚信可以归入伦理道德，其原因在于，诚信的失信违约更多地归因于主观因素，而较少甚至不大可能归因于能力不济。因为一般而言，诚信（不涉及经济能力）中的承诺都是主体能够做到的事情（除非欺骗），事件的最终效果主要取决于承诺的主体是否付诸了实际行动。

二、诚信是社会主义核心价值观之一

党的十八大提出了社会主义核心价值观：

在国家层面倡导，富强、民主、文明、和谐；

在社会层面倡导，自由、平等、公正、法治：

在个人层面倡导，爱国、敬业、诚信、友善。

其中，个人的价值观是塑造国家和社会价值观的基础。诚信，在社会主义核心价值观中占有重要位置。

三、诚信是独立的道德体系中不可或缺的

如果简洁地理解道德品德体系，爱心（友善）、勤劳（敬业）和诚信是三个相互独立的、较少争议且具有全人类共同价值的道德品德。诚信、友善、勤劳等品德或价值观，是更具体、更清晰的道德。其中，诚信是现代文明社会道德论的最重要的支柱和根基。从影响最广泛和人与人之间打交道必不可少的意义上讨论诚信和道德的关系，我们可以把诚信视作"人作为社会人的重要的道德品德"和社会核心价值中重要的价值观。实际上，中国古代便将诚信当作为人处世的重要品德。

更有心理专家认为，看一个人的道德品德如何，只需看两个独立的品德：一个是诚信，另一个是对金钱的态度。

人人都希望与有诚信的人打交道，而不喜欢与不诚信的人往来。与不诚信的人即便仅仅是口头不诚信的人交往，也将降低你的人生幸福指数。因此，人类在文明进化过程中，诚信的道德规范一经提出和总结出来，就被人们重视，并在曲折中不断完善这个最重要的道德规范。诚信是人类永恒的道德规范，虽然不是价值观或道德规范中最高大上的部分，但却是与人类追求真善美最吻合的道德。

第二节　个人诚信与社会诚信

一、个人诚信有差异是客观事实，但极少有人会承认自己的诚信品德差

作为个体，人的诚信度，与别人可能存在差异。诚信具有复杂性，一方面，不同个体的诚信度存在差异，对待不同的人、不同的事，甚至在不同的时空，表现是不一样的。这是社会现实，不可能指望人与人的诚信水平都一样，有的还是差异很大的。另一方面，即使人不可能一辈子没说过谎，这是大家都相信的现实，但极少有人会承认自己的诚信品德差。这也说明诚信的复杂性。

答应别人的事情一定要努力做到，是一个靠谱的人所应该有的表现。但这并不意味着答应下来的事一定能做到，毕竟世界上总会有各种各样的特殊和意外情况，只要你能在落实的过程中真心努力了，并做到及时反馈和沟通、凡事有交代，那就仍是靠谱的。

一件事做到什么程度、有什么实质性的进展，我们应该及时告知对方。如果确定没办法完成，我们更应该尽早告知，好让人家有所准备，采取其他预案。

实际上，诚信与靠谱一样是能够衡量一个人的综合道德品德的同义词汇，都包含着很多优秀的品质，如守时、责任、担当、不自私、不畏艰难……做一个诚信、靠谱的人，就是做值得相信、托付、让人很放心的人。人人都诚信、靠谱，差不多就是人类未来的理想社会。

二、社会全部个体的平均诚信水平，决定社会群体的诚信水平

社会全部个体的平均诚信水平，决定社会群体的诚信水平。每个国家、地区、行业和其每个发展阶段，莫不如此。但总体看，迄今人类对自身作为群体的、平均的社会诚信水平的变化规律及其主要影响因素的研究，还很不充分，如何统计社会平均诚信水平，还没有可靠的指标。目前，我们还缺乏一个可靠可信的有关社会诚信水平的调查机制。

近年来，虽然网上陆续发表过一些有关诚信的调查报告。其调查结果，肯定比个人的主观印象要更符合实际。但是并没有一个有较大公信力的机构规范进行的、样本规模较大的持续调查报告，因此本书不宜贸然采信某个调查报告的结果。综合近年来多个诚信问卷调查报告的结果，其中认为社会诚信度很好的约占调查总数的10%；认为社会诚信度较好的约占调查总数的15%；认为社会诚信度一般的约占调查总数的25%；而认为社会诚信度很差亟须重塑社会诚信度的约占调查总数的50%。虽然，这些调查报告的样本、方法、统计误差值得怀疑，这个结果仅能供个人采信参考，但是由此得出当前的社会诚信状况令人十分堪忧的判断，符合大多数人的认知。

我们可以乐观地认为，随着人类文明进步，忽略阶段性的曲折波动，社会诚信水平总体上将会提高；并且这种提高可能主要得益于技术进步。但是，我们很难认为一个人乃至一个社会的诚信水平，与其经济水平和发展阶段有必然的关系。富人未必比穷人的诚信水平高。推而广之，迄今还很难认为，社会诚信水平与政治体制、经济发展水平、法律体系及法治水平、文化等等有必然的关系。但是，公权力受到公开民主监督约束越薄弱，则诚信度就越低，是符合实际和逻辑的。为了追求更加美好的生活，我们必须不断提高或维系较高水平的社会诚信水平，为此，我们需要加强对社会诚信水平的变化规律及其主要影响因素的研究。

三、诚信建设仍任重道远

对于目前中国社会诚信水平的认识和判断，我们既不可妄自菲薄，也不可盲目自大。当然也没有可靠的统计数据支持目前中国诚信水平是历史上或世界上最好的这种判断。我们应该客观地认识中国的实际情况。改革开放四十多年来，一方面我们看到经济的巨大发展，使我们对中国社会的诚信/信用建设有信心；另一方面也要看到，社会存在矛盾纠纷增多、欺诈犯罪的现象，所以一部分人抱怨社会道德诚信水平在下降。

由于道德诚信难以定量，因此我们也可以说其是无价的。我们要清醒地认识到，道德诚信的践行承诺风险，要明显地高于经济信用的履约风险。换言之，虽然没有统计说明道德诚信的践行承诺的概率明显低于经济信用的履约概率，但这个认识是有客观规律性基础的。

至于当前中国社会"诚信缺失"到什么程度及其形成原因，很难有主流、较一致的认识。但我们应当充分认识到，只有在大量独立、客观研究存在的前提下，我们才可能更加准确、清晰地揭示诚信建设的潜在规律。中国社会的诚信建设仍任重道远。

第三节 诚信与契约精神

在道德诚信与诚信文化这个主题中，契约精神是绕不开的。"契约"在拉丁文中的原意为交易。在汉语中很早就使用的"契约"，已经更多被同义词"合同"所取代了。契约精神是指存在于商品经济社会及其契约/合同关系中的内在原则，包括自由、民主、平等、守信、救济的精神。契约精神不是单方面强加或胁迫的霸王条款，而是各方在自由平等基础上的立约守信精神。因此，诚信与契约精神是相通的。可以说，契约精神是诚信文化的基本内容和核心内涵。

前面，对当前中国社会某种程度的"诚信缺失"的判断，也可以表述为契约精神缺失或薄弱。

中国当代学者余秋雨在《中国文化课》中对"文化"的定义是："文化，是一种成为习惯的精神价值和生活方式，它的最终成果是集体人格。"中国的传统文化和习俗也不是一下子形成的。当诚信也真正成为社会的一种文化时，它就成为我们的生活方式之一，不说生活在其中的每一个人，但应是绝大多数人的人格中烙上诚信的烙印，那将是一个美好的社会！文化是可以传播的，当诚信真正成为文化时，它也会自行传播的。

第四节　当代诚信文化与"四信"建设

一、"诚信建设"与"社会信用体系建设"

我国的社会信用体系建设包括两个有机组成部分：一是征信体系建设，二是诚信体系建设。这实际也是针对两大类信用建设的重要抓手。可见，"诚信建设"与"社会信用体系建设"是包含和被包含的关系。

在当前社会信用体系建设的背景下，诚信建设是社会信用体系建设中非常重要的一环，诚信建设包括政务诚信、商务诚信、社会诚信和司法公信（"四信"建设）四个重点领域的建设任务。

当前许多人模糊了社会信用体系建设和诚信建设的边界，社会信用体系被人为塞进了异化、泛化信用，带来很多争议。而区别这二者有利于我们摆脱泛化信用的干扰。

二、"四信"建设的相互关系

"四信"建设是当代中国诚信（文化）建设的重点领域。那么，"四信"建设之间是什么关系呢？

国家层面讲"四信"建设，以国务院关于印发社会信用体系建设规划纲要（2014—2020年）（简称《纲要》）的通知（国发〔2014〕21号）为代表。要想了解"四信"建设的主要内容，参阅这个文件便可以了。《纲要》也谈到四者之间的关系，以下认识是我们的补充讨论。

《社会信用体系建设规划纲要（2014—2020年）》中关于"四信"关系的表述

（一）加快推进政务诚信建设。

政务诚信是社会信用体系建设的关键，各类政务行为主体的诚信水平，对其他社会主体诚信建设发挥着重要的表率和导向作用。

（二）深入推进商务诚信建设。

提高商务诚信水平是社会信用体系建设的重点，是商务关系有效维护、商务运行成本有效降低、营商环境有效改善的基本条件，是各类商务主体可持续发展的生存之本，也是各类经济活动高效开展的基础保障。

（三）全面推进社会诚信建设。

社会诚信是社会信用体系建设的基础，社会成员之间只有以诚相待、以信为本，才会形成和谐友爱的人际关系，才能促进社会文明进步，实现社会和谐稳定和长治久安。

（四）大力推进司法公信建设。

司法公信是社会信用体系建设的重要内容，是树立司法权威的前提，是社会公平正义的底线。

资料来源：中国政府网

（一）政务诚信是中国社会诚信建设的关键

政务诚信是指政府（也可理解为公共部门）要在依法履职的所有活动（包括行政执法和信用活动）中对社会、对公民恪守信用准则，其核心是依法行政、守信践诺，发挥政府在诚信建设中的示范表率作用。

政府的定义是：政务诚信是社会信用体系建设的关键，各类政务行为主体的诚信水平，对其他社会主体诚信建设发挥着重要的表率和导向作用。人民网认为：政务诚信是第一诚信，是社会诚信之本。

上述观点的原因在于，中国共产党是领导我国一切事业的核心，而各政务部门（公共部门）和机构是中国共产党治国理政的国家机构，一方面其通过制定和执行法规、政策对各个领域的活动包括信用活动、诚信领域产生直接或间接的重大影响，另一方面其也作为公共部门主体直接参加信用、诚信活动，发挥着表率和导向作用。

实际上，现代社会的各国政府公共部门由于都掌握着最多的资源，可以说在各自的国家和社会都发挥着诚信的表率和导向作用。只是在当代中国社会，要添加一个"更"字，根源在于，除了公共部门内部之间的相互制约和监督，我国的外部的有效监督机制还十分薄弱。公共部门作为最为强势的部门，应当承担更多的责任，起带头表率作用。

（二）商务诚信是诚信建设的基础和底线

商务诚信，即经济活动中的诚信，是经济信用的同义词，不同于前文的商务信用（非金融信用），商务诚信的定义是"以偿还为条件的价值运动"，或"以合同为基础的有时间间隔的经济交易行为"。

因此，广义的诚信=商务诚信+道德诚信。商务诚信是经济基础，而道德诚信是（观念）上层建筑。所以，便有诚信既是经济基础又是上层建筑的说法。

前面我们已经讨论过，经济信用即商务诚信是整个诚信的基础，是不能突破的底线。如果它被突破了，就可能造成社会的混乱。

（三）社会诚信是一个国家或经济体的总体诚信水平

社会诚信是一个国家或经济体的总体诚信水平，由个人、企业和政府各类主体的、各行业领域的经济信用和道德诚信的状况决定。一般理解，社会诚信是指在整个社会生活中逐渐形成的诚信状态或诚实守信的社会风气。由于没有可统计的指标，我们对当前社会的诚信总体状况是很难估计判断的。每个人的体验可能不一样，甚至差距很大。

提升我国社会诚信水平，任重道远，每个人、每个主体、每个部门、每个行业、每个地方都责无旁贷。

（四）司法公信是影响诚信建设的另一个关键

司法公信是指社会公众在对司法制度、司法机关、司法权运行过程及其结果进行认知和判断后，所形成的一种信任和尊重的社会心理状态。司法公信的获得，客观上要求司法机关自身做到司法公平、公正、正义与权威，同时也需要社会公众的主观感知，二者缺一不可。

公检法等狭义的司法部门，像行政部门一样，也是国家机器/公共部门的一个重要组成部分。司法公信是影响诚信建设的另一个关键。但是，司法公信，本质上指的并不是诚信，而是依据证据法理的公平正义司法获得社会大众对法律和司法的信任，这与司法诚信也有密切关系。

司法公信及司法诚信对诚信建设的影响，有很多视角和内容值得深入研究。这里只能做简要讨论。

司法专司法律的执行、打击违法犯罪、调解各类社会纠纷、维护公序良俗包括大量的合法的合同信用关系。司法是全社会的底线。司法机关作为社会正义最后的"守护神"，是法律的执行者和社会公平正义的保障者，深刻地影响着社会各类主体的良知和道德诚信的养成。

但是在司法的实际运作过程中，司法诚信的问题凸显，例如司法裁决不能得到有效执行，老赖拖欠的案件表现尤为明显；司法裁判终审不终等，诸如此类司法不诚信的现象被曝光后使得司法公正遭到不少人的质疑。

究其原因，本书提供以下几个视角供大家思考：

第一，司法人员的素质有待提升。某些司法人员在享乐主义、功利主义等思潮的影响下，缺乏职业道德和职业形象，做出以权谋私的行为，造成对于当事人甚至社会的不诚信。

第二，有权官员滥用权力。一段时期以来，有官员在利益的驱使下，滥用公权干涉司法，利用现行法律的漏洞和自己的身份，破坏司法的公信力。

第三，司法制度的不完善。我国司法制度还存在诉讼过程透明度不高、诉讼不合理延迟以及滥用自由裁量权等问题。我国还未完全建立起有效的外部监督，中央也不可能有足够的监督审查每个案件的资源能力等等原因的存在，使得要达到中央要求的"让人民群众在每一起司法案件中感受到公平正义"还有很长的路要走。

事实上，随着我国社会信用体系建设的深入，司法公信作为其中非常重要的一环，近年来取得了长足进展。在司法实践的过程中，人民法院努力发挥职能，从严惩"碰瓷"行为到惩治"虚假诉讼"，从治理网络欺诈到打击制假售假，从惩戒"老赖"逃债到鼓励修复诚信，等等，各级人民法院正在用公正司法的实际行动助力诚信建设。在政策文件的出台上，为推进司法鉴定行业诚信体系建设、提升司法鉴定质量和公信力，助力首都法治中国"首善之区"建设，2022年10月，北京市司法局出台了《北京市司法鉴定机构诚信等级评估实施细则（试行）》，对全国其他各地的司法诚信建设起到了借鉴的作用。当然，按首善标准，北京司法进步文明也同样还有很长的路要走。

人民法院：惩戒"老赖"逃债，鼓励修复诚信①

在惩戒老赖的问题上，为"切实解决执行难"的问题，人民法院采取了一系列措施：

针对不如实申报财产的，借助现代信息科技建立覆盖全国及所有财产形式、四级法院都能应用的查控系统，基本实现对被执行人财产的"一网打尽"，解决查人找物问题。

针对转移隐匿财产、自称无能力还钱但还过着奢侈生活的，建立有60多个部门参加的信用惩戒体系，通过联合信用惩戒，使失信被执行人"一处失信、处处受限"。此外，通过限制出境、司法拘留、追究拒执罪等强制措施，加大对严重失信行为的惩戒力度，让失信者心有所戒、行有所敛、违有所惩。

截至2020年12月，全国共有751万名失信被执行人迫于信用惩戒压力自动履行了义务，生效法律文书的自动履行率逐年提高，执行难度总体下降。

资料来源：人民网—用公正司法助力诚信建设（法治头条）https://baijiahao.baidu.com/s?id＝1699593661936020233&wfr＝spider&for＝pc.

从法治的角度看诚信，就是要守约，特别是对待签字的契约，我们一定要尽最大努力诚信地守约。契约精神既是信用又是法治。司法将为合法的契约提供最后的有力保障。如果不能公正司法，保证司法公信，那这对社会诚信的侵蚀是难以估量的。

法治，绝不仅仅是遵纪守法守规。实际上，司法的大部分任务是为了保障守约守信。根据中国裁判文书网披露的数据，迄今各级法院裁决的刑事案件裁决书已达1 000多万件，而涉及民事案件的裁决书则更多，已超过7 000多万件，是前者的7倍。而民事案件基本上都是涉及经济信用纠纷的案件。

"公正司法是维护社会公平正义的最后一道防线。"党的二十大报告在"坚持全面依法治国，推进法治中国建设"一章中，对"严格公正司法"作出专门部署，同时强调，"严格公正司法，深化司法体制综合配套改革，全面准确落实司法责任制，加快建设公正高效权威的社会主义司法制度，努力让人民群众在每一个司法案件中感受到公平正义。"由此可见，司法公信建设要贯彻这段党的二十大报告就"公正司法"所提的要求，全社会特别是公权力部门还有很多的工作要做。

由于握有很大的自由裁量权，官员在执法司法过程中的诚信表现，是当事人是否能感受到公平正义的基础。这个问题不仔细深入研究，解决不好，那么努力让人民在每一个司法案件中都能感受到公平正义就失去了基础。这是个有关法治建设和诚信建设的交叉大话题，这儿只能点题，而难以深入讨论。

在主题"司法公信是影响诚信建设的另一个关键"下，我们最后简要谈一下：信用（或诚信）事件与法律事件的界限问题。

当今的社会既是信用社会也是法治社会；一个约定建立了契约信用关系的事件，

---

① 人民网. 用公正司法助力诚信建设（法治头条）［EB/OL］.（2021－05－13）［2023－03－10］. https://baijiahao.baidu.com/s？id＝1699593661936020233&wfr＝spider&for＝pc.

往往既有信用特征并且是主要特征，同时也有法律特征，因为前提是要合法的；当出现信用违约争议并有第三方机构介入时，这两方面的特征就更加明显。特别是司法介入后，事件的主要特征和性质是可能起变化的，但并不是司法一介入，原来的以信用为主要特征的信用事件就变成法律事件了，这里有一个简易的判断界限：当信用违约被法院判定构成欺诈犯罪时，则其性质就因主要特征的移位改变而发生变化了，就从信用事件变成了法律事件；换言之，只要信用违约的性质没有被法院判定入罪，哪怕法院裁定信用关系当事人严重违约、责令其如何履约，那么信用事件还是信用事件。掌握好这个界限，对于信用建设和法治建设都是有积极指导意义的。当下的中国，因为受泛化信用的干扰，一些人模糊了信用和法律的界限，这是不利于信用建设的。

客观认识当代中国诚信（文化）建设的重点领域——"四信"建设的内涵及其相互关系，有利于我们后面讨论如何有效推进当代中国社会的诚信建设。

思考题

（1）你如何理解"诚信既是经济基础又是上层建筑"？

（2）你认为诚信在社会主义核心价值观中居于怎样的位置？

（3）诚信是否是独立的道德体现中不可或缺的？为什么？

（4）你如何理解个人诚信与社会诚信之间的关系？

（5）你认为契约精神包括哪些内涵？

（6）你是否同意"迄今中国社会的契约精神仍然比较薄弱"的判断？为什么？

（7）你是否同意"诚信建设"提法好于"社会信用体系建设"的两点理由？为什么？

（8）为什么说"政务诚信是中国社会诚信建设的关键"？

（9）为什么说"商务诚信是诚信建设的基础和底线"？

（10）司法公信是否属于诚信？为什么说"司法公信是影响诚信建设的另一个关键"？

第九章

诚信教育

第八章讨论了诚信相对务虚的内容，后面主要讨论如何提高社会诚信水平相对务实的内容。经广泛咨询，人们普遍认为，提高社会诚信水平、改善信用环境，就道德诚信而言，最重要的、最有效的有两件事：一件是诚信教育，一件是公众人物的示范效应。当然，把前面讨论的经济信用的底线守住、把环境搞好是基础，其也可以被视为对道德诚信有重大影响的第三件大事。

本章主要讨论如何做好诚信教育。党的十九大报告将推进"诚信建设"归到"加强思想道德建设"；党的二十大报告中提到"弘扬诚信文化，健全诚信建设长效机制"，将其归到"提高全社会文明程度"。虽然包括多种制度约束机制建设工作，但诚信教育可能是最重要、功效最好的（如果有另外两件事的配合）。

第一节　诚信教育的目的

在信用经济时代，信用/诚信于个人、国家和社会的重要意义已形成了基本共识。诚信教育的目的可从以下三个维度进行理解：

一、诚信是必备品德、第一品德

诚信教育的目的之一，是让诚信成为每个人的必备品德、第一品德。

诚信，虽然不是人类文明进化至今最为高尚的道德品德和价值观，但它是有社会以来，人类进入群体生活，人类必备的、位于第一的品德。

必备的品德，就是不可缺少的品德，是人与人之间交往必不可少的。

第一品德，是比其他品德更为符合人性、更为实际务实、影响更为广泛，因而更为重要的品德。至少在人类的社会科学、自然科学和思维科学高度进化的今天乃至今后很长的时期，与人类文明相适应的第一品德都是诚信。未来，也许更理想的美德——善良会成为第一品德，那时人类自身才会成为理想国。

只要是社会的人，都需要这个品德来为人处世；如果你的性格喜欢与人打交道，则这个品德于你的重要性就越大。

二、懂得信用知识、规律，遵循信用规律

诚信教育的目的之二，是获得诚信/信用的科学知识，包括认识和掌握信用规律。当然，信用知识是一门浩瀚的社会科学，整个金融学科知识只是其中一部分，人们需要根据个人的兴趣喜好，在不同的教育阶段去学习。

三、人人真正诚信守信，自觉按照诚信道德和信用科学规律为人处世

达成诚信教育的前两个目的，自然就引出目的之三，促进人人真正诚信守信，自觉按照诚信道德要求和信用科学规律为人处世。例如，信用科学知识告诉我们，守信不是一件像许诺那样容易的事，越是重大的事越不要轻易许诺；迄今为止，人类社会的信用/诚信现状并不令人满意；等等。

曾子曰："大学之道，在明明德，在亲民，在止于至善。"爱因斯坦说："学校的目标始终应当是：青年人在离开学校时，是作为一个和谐的人，而不是作为一个专家。"大师们的思想能够帮助我们更好地理解诚信教育的目的，但是达成目的仍需要全社会持续努力。

第二节　诚信教育要抓早

【信用规律之九——诚信教育越早越好规律】诚信是人的必备品德、第一品德，需要根深蒂固、成为信仰。因此，抓孩子的诚信教育越早越好。

在影响一个人道德诚信水平的所有措施机制中，虽然很难定量衡量，但很可能早期教育的影响是最大的。

包括幼儿园和小学阶段的早期教育，是一个人诚信品德的初期形成阶段。诚信早期教育的目的是让小学生知晓什么是诚信、什么是不诚信，初步建立起并不断强化有关诚信的是非感和荣辱感。从而，在人的道德品德形成的最重要时期，即早期教育时期，让诚信成为人的必备品德、第一品德，在人的灵魂深处扎根、根深蒂固、成为信仰。

一、家长和老师均负有重要责任

这容易理解。在诚信早期教育中，学校教育与家庭教育具有同样的重要性；对幼儿和青少年以诚信道德为核心的道德养成，家长、老师和学校都负有十分重要的、不可推卸的责任。

但对家长和老师这份责任感影响最大的则是政治环境和社会环境，如果各种体验

让他感到诚信会带来更多的吃亏和不公平，这必然对他履行这份责任产生很大的负面影响。在这个相互影响的社会诚信环境中，哪个是最大的症结？首先要允许全社会讨论得出客观共识，这是后话。

二、诚信应是早期教育的必修课

教育要从娃娃抓起。诚信教育更是如此，诚信应是早期教育的必修课。在小学生阶段每个年级的表现评语中，诚信应该是必须评价的品德养成内容。能形成信仰的东西，都是早期教育的成果；成年人世界观一旦形成，改变实际上就是很困难的事情了，不论其口头或表面上表现如何。

在小学教育阶段，老师必须抓好诚信教育，这是毫无疑问的。我们的建议是，要提高诚信教育的比重和分量。未来，小学教育课程设置改革，把诚信教育放在伦理道德或道德养成之类的课程之中，可能是更好的方向。至少，道理伦理或政治思想教育，要从具体的诚信、善良、勤劳等具体的品德和价值观的培育养成做起。

诚信应是早期教育的必修课，但这并不意味着必须要有统一的诚信必修课教材。每个老师观念中对诚信教育的重视，比一本诚信教育的教材更重要。

三、适应早期教育的特点，鼓励探索创新早期诚信教育的有效方法

只要对早期教育负有重要责任的家长和老师，充分重视诚信教育，方法倒是不必拘泥，只要师生乐于接受、效果好就行，可鼓励探索创新。就像同样一门课，老师可以有不同的教学方法一样。以下几个维度供大家思考。

第一，古今中外的优秀文化中的诚信故事以及源远流长的中国诚信文化，可为诚信教育提供丰富的教学素材和营养。

第二，早期诚信教育，还可以从身边的小事抓起，可以积极善意地鼓励学生分析发生在学校和家庭身边的诚信事例，让学生从小就能识别什么是讲诚信，什么是失信违约，什么是诚信瑕疵。

第三，诚信早期教育，也要遵循教育规律和心理成长成熟规律。例如，要使用好循循善诱的教学方法；要随着学生年龄、年级的增长，逐步强化培养诚信与否的荣辱感。教师应使用正确的教学方法，使尽可能多的学生养成牢固的诚信习惯、信仰。

第四，诚信早期教育需要更重视言传身教。老师为人师表，是人类灵魂的工程师，在诚信教育中更是如此。教师队伍建设，要以德为先。这个道理，同样适用于家长。

总之，诚信的早期教育目标是让儿童和学生知晓什么是诚信、什么是不诚信，使之初步建立起有关诚信的是非感和荣辱感。为此，教师可以适当地运用适合幼儿和小学生心理特点的表扬和批评的方法。但毋庸赘言，在诚信教育的任何阶段，教师都不可以有任何体罚手段，这也是现代教育文明的一个基本要求（也是法治要求）。

四、从人性上看，诚信教育的理念与扬善抑恶是一致的

诚信早期教育的以上提醒或建议，都是容易注意和能够做到的。但是，讲诚信、

诚信教育的理念，说到底从人性上看，与扬善抑恶的理念是一致的。正确理解和把握这一点并不容易。因为，人性是复杂的、易变的；诚信道德是直通人性的，守信和失信，往往与善的、恶的和非善非恶的多种复杂的人性联系在一起。我们通常以为，守信用、讲诚信，总是与善的人性如诚实、合作、和谐、勤劳、严于律己、关心别人、公平、感恩、同情心、爱心、救济、自由、平等等善的人性联系在一起；而把失信、不诚信与不诚实、自私自利、懒惰、损人利己、恩将仇报、缺乏同情心、欺骗等恶的人性画等号。但在实际生活中，人们在信用关系中的表现，往往还受大量的非恶非善的中性人性的影响。因此，有时候某个主体在信用关系中的表现，如果要准确地判断其是与非、善与恶，并不是一件一目了然、容易的事。

所以，诚信教育不宜简单化、不必绝对化，不能违背善的人性，也不必违背非恶的中性人性——这是容易被忽视和误解的，把握不好容易存在争议。从人性扬善抑恶的视角，我们选择以下两个诚信教育需要正确理解和把握的意义来讨论。

一是诚信不能违背善的人性。

善意的谎言，是指出于某种善的意愿说出的谎言，并不带有恶意，不是为了自己的利益，而是为他人着想的好意善意而说出的谎言。善意的谎言，反映了人的灵性和善性。

与事实相违背的言语是谎言，这点是事实可以证明或终将证明的；善意的谎言也是谎言，毋庸置疑，这不是我们讨论的重点。但是，在当今社会，善意的谎言更多的是给予我们更温馨、更和谐的生活，善意的谎言在我们的生活中不可或缺。谎言也分善意和恶意，我们应当合理运用善意的谎言，杜绝恶意的谎言。讲诚信，意即在生活中要避免大部分或绝大部分的谎言。生活中的确存在甚至需要善意的谎言，这需要我们正确地理解和对待。

善意谎言的主要特征，是出于对他人的善意。因此，善意的谎言具有多种社会人生的积极意义。善意的谎言，可以寄托人们对事物的美好愿望，是人们善良心灵的对白，是人们彼此之间相互安慰的一丝暖意，是人们心底里流露出来的一种柔情；善意的谎言，可以是人生的滋养品，也是信念的原动力，它让人从心里燃起希望之火，也让人确信世界上有爱、有信任、有感动；善意的谎言，可以具有神奇的力量，鼓舞你一次再一次地做着进步的努力，为了心中的梦想绝不轻言放弃，使你未来的道路被欢乐的心情照亮，生活因此变得更加美好；善意的谎言，可能让一个有绝症的患者绝处逢生，让人重拾自信或给予别人一丝希望，有时还能救活一个即将精神崩溃的人。本身善良的人在某种状态下"被逼"说出的谎言是善意的，这种谎言对主体来说是一种友善，一种关心。

而恶意的谎言是为说谎者谋取利益，有强烈的自私自利欲望，不惜伤害他人的行为。心术不正的人，不管如何伪装，如何花言巧语，如何绞尽脑汁为自己恶意的谎言冠上善意的高帽，其所说的谎言都带有自私和恶意目的性。

毋庸赘言，判断一个谎言是善意的还是恶意的，并不是以说者个人的判断为依据，而主要是依据社会绝大多数人的共识，有时甚至不得不依据司法程序。

对待善意的谎言，人们不会去追究它的可信程度，即使听到善意谎言的人明知道是谎话，也一样会去努力相信，不会觉得说谎者的虚伪，有时还要从心里感激。

我们可能都听说过一些善意谎言的故事。例如，《别饿坏了那匹马》《最后一片叶子》《老师撒谎给学生预测未来或鼓励学生说有某方面的特长》等故事，都让我们感动。父母的一句谎言，让涉世不深的孩童脸若鲜花，灿烂生辉；老师的一句谎言，让彷徨学子不再困惑，更好成长；医生的一句谎言，让恐惧的病人由毁灭走向新生。

总之，善意的谎言，是社会感动、理解至少是宽容的客观存在；善意的谎言无碍诚信。能够正确理解和对待善意的谎言，也是诚信、文明社会的标志。

这一层诚信与人性的含义，是需要在早期教育中正确理解和把握的。

二是诚信也不必违背非恶的中性人性。

诚信早期教育，能达到让孩子及未来成人走向社会后，能够在一般情况下尽力守信、尽量不说谎，特别是不说自私自利伤害别人的谎言，就很好了。不必把标准提高到，当一个孩子由于各种原因如一时冲动、考虑不周等，犯了错，如果还一时意识不到错在哪里，或已有悔过之心，或害怕遭受过重惩罚，而未能及早或不敢主动承认错误时，我们不能急于给其扣上不诚信的帽子，或逼其像一个圣人似的及时、勇于承认错误。人非圣贤，孰能无过。一个学生悟性好、道德养成自我要求标准高，当然值得称赞和值得成为别人的榜样。但教育不必、也不可能把大多数人都培养成圣人。

很多名人大家指出过，一个人做到不说谎、讲真话，并非不可企及的圣人要求。只是在面对自己的错误尤其是重大错误时，社会要允许其有既不否认也不承认的缄默权利即可，不必违背人性地让其自证有罪，这也容易制造冤情。退而言之，即便大错已经是事实，多数人可能是一时冲动犯下，想逃脱受到严厉惩罚的天生念头，也是一种非恶的人性。这个思想与现代文明法治的无罪推论精神是一致的。即刑事司法给人定罪，要轻口供、重客观证据；要有确实充分的客观证据，符合法定的证据证明标准；证明某种罪名的构成要件都依法成立；采信、运用证据，必须遵循公开透明的法定证据运用规则；认定犯罪事实，必须要能合理排除合理怀疑，才能让人入罪。刑事司法有比民事司法更高的证据标准。不能客观证据不足，就搞恶意猜想来给人定罪，这是违背现代文明司法精神的。这样才是真正体现"无罪推论"的原则，才能确保不冤枉任何一个人，而不是人类未开化年代的"宁可错杀一千，绝不放过一个"的野蛮理念。对待人的重大过错，也是一样的道理。

而对于小错小过，诚信教育的理念，与上述对待重大过错甚至入罪入刑的理念，又可有所区别。人类诚信文化都是鼓励勇于承担责任、推功揽过，而不是争功诿过。

由诚信教育不必绝对化、不必高大上到违背人性的理念，引出的在对待小错小过与大错罪过上有所区别的诚信理念，都是人类的先进道德文化。但是人们如何掌握和区别小错小过与大错罪过，可能各人的尺度是不一样的。这就是人性及社会科学的复杂性。

关于诚信与人性的这一层含义，可以在早期教育的后期阐述，也可以在中学和大学教育中正确阐述和把握。

总之，人性是复杂的；诚信道德是直通人性的。我们要通过讲诚信、诚信教育，促进人们在信用的理论和实践上更好地扬善抑恶。一方面，促进人性向善；另一方面，又不唱高调，把法规政策立足于人性之上，不扭曲人性。

第三节 诚信的终身教育

上一节，我们强调了早期教育在诚信教育中的重要性；诚信的早期教育可能是影响一个人诚信信仰牢固程度的最重要因素。但是，也不能否定终身诚信教育的积极意义。

人的一生要经历多个心理时期，如乳儿期、幼儿期、学龄期、青少年期、中年期、老年期等。每个心理年龄期都有不同的心理特点，并且个人的心理年龄期跨度是不尽相同的。幼儿期天真活泼；青少年期自我意识增强，身心飞跃突变，心理活动进入剧烈动荡期；进入老年期，心理活动趋向成熟稳定、老成持重。个人在终身教育中养成自己的诚信品德，也会遵循心理成熟和心理阶段性特点的规律。

如果说诚信的早期教育，是一个人的诚信观念和信仰形成的阶段；那么诚信的终身教育，则是一个人的诚信信仰不断巩固和变化的阶段和过程。

人在终身成长的各阶段都需要诚信教育，就像现在强调领导干部还需要加强思想政治教育一样，因为人性具有两面性并且是可变的。如果缺乏终身教育的巩固和不断提醒，诚信的信念和信仰是有可能在社会现实和利益面前受到侵蚀和动摇的。

承担教育责任的学校和各类社会机构，要根据人的道德信仰形成和巩固的阶段性特点和规律，履行好自己的诚信教育职责。

一、中学阶段的诚信教育

如果说小学阶段的诚信教育目标是让小学生知晓什么是诚信、什么是不诚信，初步建立起有关诚信的是非感和荣辱感，那么在进入青少年时期的中学阶段，诚信教育则是巩固和强化有关诚信的是非感和荣辱感的阶段。

虽然《中小学生守则》对诚信有同样的要求，如"诚实守信，言行一致，知错就改，有责任心"，但关于诚信的教育方法却可以有所区别，我们应丰富与诚信有密切关系的教育内容，让中学生了解一些有关信用的基本知识。为了中学生的诚信品德和信仰的巩固，我们可以适当地运用表扬和批评的方法；家长和老师有关诚信教育的口吻，可以根据诚信案例的是非曲直程度，有和蔼和严峻的选择。中学阶段的诚信教育应有比早期教育更高的要求。

（1）老师和家长要更加注意为人师表和垂范。要让学生诚信，教师必须是诚信的典范，教师要做到以诚育人、以诚待人、以诚服人，注意每个学生的诚信品德养成，不断引导学生的诚信意识和行为的形成。教师的一言一行都要讲究"诚信"，以高尚的诚信人格影响学生、感染学生，作好诚信的表率和楷模。教师要理解学生的苦衷，同情学生的处境，宽容学生的过失，保护学生的天性，要求学生做到的自己要先做到。在与家长交流沟通过程中，教师要做到把微笑留给家长、用真诚对待家长、用爱心打动家长，还要自我约束，明礼诚信，言出必行，取信于家长，坚决杜绝有偿家教等。

（2）提倡各科老师利用课堂开展道德诚信教育。教师要切实提高诚信德育工作的针对性和实效性，结合教学内容，将诚信教育有机地渗透到教学活动之中，寓诚信人物、事件于课堂教学之中，培养学生诚信的品质。如"狼来了"这个故事学生都很熟悉，故事中的小男孩两次撒谎骗人，失去了别人对他的信任，才导致了羊最终被狼吃掉的下场。这让学生懂得：一个不诚信的人，既伤害了别人，最终也伤害了自己。诚信是无价的！如考试不仅要认真作答，更要诚实，坚决杜绝考试中的作弊行为。教师要结合教学环节培养诚信品质，把诚信教育有机地渗透到教学活动之中，从而实现教知识和育品德的统一，最终完成教书育人的最终目标。学校的教学、管理等各项工作都要充分体现教书育人的功能，培养出更多的德智体美劳全面发展的人才，发挥学校在公民道德建设中的最重要教育阵地的作用。

（3）要发挥学校和家庭的联动作用，建立有效地形成和巩固学生诚信品德的教育体制。诚信思想、品德的形成和巩固，不仅需要学校教育，同样需要家庭教育，并使其对学生的诚信教育要求、影响与学校的连贯一致。在学校和家庭里，老师和父母与孩子都有大量的时间朝夕相处。所以，学校和家庭必须密切联系，携手合作，强化和改善诚信教育。教师可采取多种方式，如家访了解学生在家庭中的表现。如发现学生有多次撒谎等现象，则需要老师和家长相互联系配合，这样才能更有效地帮助学生改掉毛病。家庭是孩子接触的第一环境，父母是孩子的第一位老师，要防止有些父母的不良行为，对孩子幼小的心灵产生负面影响。有些家长十分专制，对孩子的爱、温暖方面显得欠缺，不允许孩子反对自己的意见，比如孩子没考到家长要求的分数，为了避免回家挨打，就不由自主地撒谎；也有些家长是溺爱型的，对孩子行为基本没有要求，也没有控制，只有赞许，没有批评。的确，在学生品德教育中，学校和家庭密不可分，其只有相互配合，才能真正达到诚信教育的目的。老师和家长还需要注意在学生的社会公益劳动、军事训练、科技发明等社会实践中，融入诚信教育。

（4）可以就有关诚信/信用的事实，引导中学生进行讨论和评判，以提高中学生的独立判断力和是非荣辱感。近些年来，由于资本市场和封建权贵思想的不良影响，诚信环境还存在很多问题，甚至欺诈犯罪盛行。这些不良的社会现象也不时侵蚀着洁净的校园，如果不能对社会上的诚信事件及时进行评判和教育，避免对学生的成长及诚信品德养成带来不利的影响，就可能削弱学校诚信教育的实效，不利于学生走向社会时带有牢固的诚信品德和信仰。

教育部办公厅关于进一步加强中小学诚信教育的通知

（教育厅〔2004〕4 号）

三、诚信教育的途径和方法

诚信教育活动要遵循生动活泼、形式多样、小型为主的原则，既要有声势、影响，又要扎扎实实。要根据中小学生的生理、心理特点和认知规律，结合本地区和学校的工作实际，进行科学合理的安排。

（一）要将诚信教育作为中小学弘扬和培育民族精神教育、思想道德建设的重要内容，纳入学校德育工作计划。诚信教育要与社会公德教育、法制教育、心理健康教育、职业道德教育有机融合，提高整体教育效果。

（二）以学生为主体，组织丰富多彩的教育活动。诚信教育重点在知行统一，关键在践行。各中小学校要精心安排贴近生活、贴近实际、贴近学生的诚信教育活动。

诚信教育要与传统美德教育相结合，充分挖掘和利用传统美德中有关诚信内容的格言、楷模、典故、故事等，通过诵读、故事会、表演等形式，调动学生自主学习的积极性，在喜闻乐见、寓教于乐的活动中，使学生感受、体会诚信是做人的根本。

要充分利用现实生活中有关诚信的典型案例、典型人物、先进人物，通过报告会、座谈会，上门参观、走访等形式，感受诚信对一个人成长的重要性。

以"人人知诚信、人人讲诚信"为主题，利用校、班、团队会组织研讨会、辩论会；举办征文、演讲、知识竞赛、我讲诚信故事、相声小品等活动；充分利用校内橱窗、黑板报、广播、校园电视台、校园网大力宣传诚信教育的基本内容、要求和重要意义，形成"人人知诚信"的良好氛围，为"人人讲诚信"打下舆论基础。

要充分利用每年9月20日全国"公民道德宣传日"和每年9月全国"中小学弘扬和培育民族精神教育月"的活动契机，将诚信教育作为重点之一，安排时间组织相关教育活动。

（三）将诚信教育渗透到学科教学中。教师在教学中要善于抓住时机，结合教学内容，将诚信教育有机渗透到教育教学活动之中，培养学生诚实守信的品质。德育课程和文科教学要结合教学内容，丰富诚信教育内容，寓诚信人物、事件等于课堂教学之中，理科教学要在体现实事求是、严谨科学精神的基础上，融入诚信精神。

资料来源：中华人民共和国教育部。

二、大学阶段的诚信教育

中国法律规定：成年年龄是18岁，不满18周岁的自然人为未成年人；成年人为完全民事行为能力人，可以独立实施民事法律行为、承担民事责任。其基础是，一般认为，自然人在18岁左右心智已经成熟、道德伦理已经形成。大学生一般都已达到18岁，但社会又存在对大学生的一定宽容度。因此，大学阶段的诚信教育，基本上与中学阶段的诚信教育相同和近似，但又可在形式、程度和内容上有所不同。

在形式方法上，针对大学生的诚信教育，不宜过多使用心灵鸡汤似的简单灌输说教，而应探索采用更务实、更理性的方式方法，这样才会有更好地巩固诚信道德伦理的效果。

在程度上，家长和老师发现大学生有不诚信的言行表现时，首先，不能视而不见、放任不管；其次，要更准确无误，即要有证据地准确判断，以更严谨的态度尊重已经成人的大学生（当然从小就要培养人的尊严、人权意识）；最后，在选择使用批评教育、约束机制时，也要以适当为宜，如可以用适当严厉的口吻和约束措施，但也要体现社会对大学生言行的宽容度。

在内容上，对大学生的诚信教育，则要比中学阶段有更多的有关信用科学知识的教学，以达到不仅巩固大学生诚信道德品德的养成，而且要让大学生，即便专业不是信用学科课程的，也应具备基本的信用原理知识、掌握信用的基本规律和管理技能，让大学生有能力在走进社会后成为促进不断改进诚信环境的国之重器。

纸上谈兵终觉浅。目前我们大学生的诚信状态如何呢？就像我们在前一章提到的有关社会诚信的总体状况一样，有关大学生的诚信调查报告结果也堪忧。

部分大学生的诚信缺失问题，如各类助学贷款的还款违约状况，考试、毕业就业过程中的不诚信表现，引起很多人的担忧。诚信，显然是一个全社会的大课题，对代表着中国未来的大学生来说，更是有着不一般的意义。大学校园内的形形色色的"失信"现象，应该引起我们的深思。

解决问题之道，也多有开展大学诚信教育的建议。学生考试不作弊，既是法规也是诚信，几乎没有一个学生不会发自内心地作此承诺。因此，考试是诚信教育的很好场景。

除了诚信教育之外，是否可以在大学阶段就建立像约束成年人那样的诚信约束制度？或者，像我们在最后一章将讨论的，针对三类关键少数主体——公共部门、企业家和公众人物建立的、要求更高的诚信约束制度，是否对有本科毕业文凭及以上的知识分子和社会精英也可以适用？这些问题，是可以在大学生的诚信教育议题下进行讨论的。

讨论了从幼儿园、小学、中学到大学的诚信教育，最后再重复强调一点共性——为人师表的重要性。只有一支庞大的、道德至少诚信道德能较好垂范学生的教师队伍，才能支撑并产生良好效果的诚信教育。

讨论回到教育的本质，教育本应该是成长的自觉需要和人格的完善，而不是现在人们更多看到的、异化成为一种淘汰和筛选的工具，让我们从树立牢固诚信品格做起。

让诚实守信成为校园常态——教育系统加强诚信体系建设综述

信用体系建设，对于一个行业来说，是生存之基，对于教育更是如此，以"诚"筑"教"，无往不利。近年来，教育部通过推动思政课改革，建立健全中小学师德建设长效机制，完善国家助学贷款政策等一系列举措，多措并举，以制度化和常态化为诚信教育、社会信用教育保驾护航。

诚信教育入课程

培育诚实守信意识、加强诚信教育是公民道德建设的重点，在学校阶段，课程是最好的载体。近年来，教育部通过思政课改革、将诚信教育融入课程大纲等方式，使得学生将诚信内化于心，外显于行。

高校思想政治理论课是对全体大学生进行思想政治教育的必修课。目前高校思想政治理论课统编教材中，多门课程都结合教学目标，在不同章节中各有侧重地将诚信教育融入其中。

在近几年的思想政治理论课教学方法改革实践中有多个高校将诚信教育作为思政课的一个专题，采用征文比赛、课堂情景剧、课堂辩论赛、微电影、社会实践调研等方式开展教学，将诚信理论教育和感性活动相结合，将老师讲授与学生自主参与相结合，推进大学生诚信教育体现在实践践行中，落实到具体行动中。

在职业学校中，各地学校按照中职德育课程大纲要求，将诚信教育内容纳入教学计划、课程和教材内容，开好"哲学与人生"、"职业道德与法律"课，在其他公共课和相关专业课程教学中渗透诚信教育，使诚信教育与社会公德教育、法制教育、心理健康教育、职业道德教育有机融合，帮助学生了解道德基本规范，增强诚信公道、服务奉献等职业道德意识，养成良好职业行为习惯。

近年来，高教司高度重视信用管理专业人才培养工作。早在2002年，教育部就以目录外专业批准高校开始试办信用管理专业。2012年，教育部颁布实施新修订的《普通高等学校本科专业目录》，将信用管理专业正式列为金融学专业类下的特设专业。目前，已有中国人民大学等23所高校开设了信用管理本科专业，在校本科生达4 295人。

在课程建设方面，高教司积极鼓励和支持高校开发开设诚信教育课程，目前，全国部分高校开设了诚信教育方面的必修课选修课，并且纳入了学分管理。天津大学从2006年开始，面向全体本科生开设了"诚信"必修课。北京大学等高校开设了"科研诚信"选修课。上海立信会计学院、天津师范大学等高校开设了"征信学"等选修课。

中小学诚信教育突出抓好诚实教育和守信教育。通过多种形式的教育活动，使中小学生了解诚信的基本内容，懂得诚信是做人的基本准则，增强学生法律意识和诚信意识，提高守法、守规的自觉性，牢固树立守信为荣、失信可耻的道德观念，从小立志做讲诚信的人。

比如，以"人人知诚信、人人讲诚信"为主题，利用校、班、团队会组织研讨会、辩论会；举办征文、演讲、知识竞赛等活动；充分利用校内橱窗、黑板报、广播、校园网大力宣传诚信教育的基本内容、要求和重要意义，形成"人人知诚信"的良好氛围，为"人人讲诚信"打下舆论基础。

诚信体系建制度

诚信体系的完善不能仅仅靠道德教化，还需要靠建章立制来维护，只有这样才能将诚信的基石夯得更实。教育部在建章立制方面，以制度政策为抓手，将制度建设与诚信教育结合起来，发挥制度的最大效用。

自1999年国家助学贷款政策实施以来，历年申请人数与贷款金额总体上呈上升趋势。截至2014年，全国累计1 276.71万人获得国家助学贷款，贷款金额达到1 199.07亿元。国家助学贷款政策的顺利落实，得益于政府、银行、高校及贷款学生的共同努力。其中，贷款学生的诚实守信是维持国家助学贷款政策良性循环的关键。

相关负责人介绍，国家助学贷款已经成为大学生践行诚信的试金石。国家助学贷款政策执行的各个环节能够积极促进大学生诚信意识的培养与加强。申请使用国家助学贷款，要求贷款学生按照规定与合同约定如实申请、合理使用、按时足额还贷，切实履行相关义务与责任。

为规范学位论文管理，推进建立良好学风，提高人才培养质量，严肃处理学位论文作假行为，2013年1月1日，教育部颁布实施《学位论文作假行为处理办法》。这是教育部颁布的首部处理学术不端行为的部门规章，该办法的出台施行，首次明确界定了学位论文作假行为和对各行为责任主体的处罚，对打击学术造假、依法规范管理、重塑科学道德与学风环境具有重大意义。

针对近年来发生的极少数教师严重违反师德的现象，2013年9月，教育部发布了《关于建立健全中小学师德建设长效机制的意见》。建立起了教育、宣传、考核、监督与奖惩相结合的中小学师德建设长效机制。

诚信教育入生活

诚信教育要取得实效，仅仅停留在学校教育是不够的，要通过多种活动形式，将学校诚信教育与社会道德和家庭道德建设结合起来。

社区和家庭是中小学生生活、学习的重要场所，对中小学生健康成长起着非常重要的作用。教育部办公厅印发的《关于进一步加强中小学诚信教育的通知》要求，学校要主动与家庭、社区紧密配合，扩大学校教育对社会和家庭的影响，特别是要重视和加强对家庭教育的指导，帮助学生家长充分认识诚信对学生成长的重要性，以身作则，积极配合学校共同抓好诚信教育，促进学生诚信素养的提高。

在职业教育阶段，职成司要求各地各职业院校通过家访、家长会、家长委员会、开展家庭教育咨询等方式，指导家长言传身教，在家庭生活中开展诚信教育。各地各职业院校利用实行实习的有利时机，校企开展集团化办学、共同制定培养方案、共管实习实训等，对学生进行劳动观念、职业精神教育，促进职业道德行为习惯养成。

资料来源：http://www.moe.gov.cn/jyb_xwfb/s5147/201506/t20150612_190304.html？authkey = boxdr3.

三、成人的诚信教育

成人仍然需要诚信教育。除了趋利避害本性决定的人性两面性和易变性的主观原因，客观原因是现阶段的人类社会仍处在文明进化的长河中，中国社会也仍处在可能需要较长时期的社会主义初级阶段，社会环境比学校这个小社会要复杂、严峻得多，正反面的诚信事例都很多，如果缺乏成人继续诚信教育的约束巩固机制，学生阶段培养的诚信道德在一些人身上便可能难以巩固和保持。

除了终身的学习和修养，各类型的用人单位都负有对员工、成员的重要教育责任。在中国集体主义文化的背景下，单位对诚信教育和诚信建设负有更大的责任。因为存在集体掩护和责任制落实缺陷和困难的机制，如果没有有效的继续教育约束，个体在行使单位岗位角色活动时，其诚信约束力就会弱于完全个体负责制下的约束力，更可能发生违约失信行为。法人负责制，就是为克服集体机制的这个缺陷而设计的。单位的诚信教育需要树立"人人都代表集体"的观念。

诚信教育典型——楚雄云泉酱园有限责任公司

楚雄云泉酱园有限责任公司是一家具有64年专业从事调品生产、研发、销售，并拥有民族自主品牌的云南老字号企业。多年来，公司始终坚持"诚信、责任、创新、奉献"的核心价值观，经过不懈的努力和坚持，公司产品深受广大消费者的信赖，企业也获得了社会各界的认可。其1997—2001年获云南省消费者喜爱商品认定，2002年、2007年获云南省安全诚信食品企业认定、2020年获楚雄诚信计量示范单位，是"重合同、守信用单位"。

一、树立诚信经营的理念

1. 公司把诚信建设作为企业文化建设的中心环节来抓，提出了"诚信"是企业立业，员工立身的道德基石。

2. 着眼于道德宣传教育，着力于增强诚信意识。公司视道德为根本，重产品质量如生命，坚持加强道德建设，打造诚信平台，造就忠诚员工队伍；充分利用多种形式落实企业的经营准则和行为规范，宣传企业的发展理念，营造浓厚的教育氛围，倡导员工争做道德建设的标兵、忠诚企业的先锋

3. 建立了《云泉酱园公司员工守则》，突出道德约束的力量，不断提升员工的职业道德意识，把职业道德建设纳入企业文化建设的体系之中。

二、强化产品质量履行法人全面负责制

公司内部严把产品质量关，并率先在省内同行中取得质量、食品安全、能源、环境、职业健康管理体系认证，层层把关产品质量，有效保证消费者合法权益，不坑害消费者。公司主要产品在2004年被中国绿色食品发展中心认定为绿色食品A级产品，从1988年至今，屡获国家、省、州市各项荣誉及认证，是云南老字号企业、省、州级农业产业化经营龙头企业、云南省著名商标，2017年"云泉牌豆瓣酱"获"国家生态原产地产品保护"系认证，生产工艺列入"云南省非物质文化遗产生产工艺保护"名录，获"楚雄州、市政府质量奖"认定。公司现有发明专利2项，外观设计专利2项、实用新型专利20项。

实践表明，诚实守信，就会收获丰厚的回报和发展的希望；利欲熏心，欺诈行事，只能使企业走向衰败和消亡。诚招天下客，信纳八方财。社会呼唤诚信，时代推崇诚信，企业需要诚信，云泉酱园始终坚持"诚信、责任、创新、奉献"的核心价值观，以诚信的思想和作为服务广大消费者，时刻牢记诚信是企业的生命，热心公益，奉献社会，用实际行动赢得社会认可。

资料来源：楚雄市文明网 http://www.cxs.gov.cn/info/1053/83239.htm.

对成人的诚信教育，我们需要提高对讲诚信的认识，更要建立有效的制度约束机制。对于一个公民，尤其是一个普通公民，讲诚信，至少是与讲政治具有同样高度的要求。除了入职教育，更重要的是，单位可以劳动合同建立对员工"不诚信"的零容忍机制，以提高员工个体的诚信意识，从而促进提高企业的商务诚信水平。当然，企业家法人代表在商务诚信中有更关键的作用。

第四节　诚信的约束机制制度和诚信环境也是诚信教育

　　我们知道，教育不仅仅是指狭义的学校教育，也不仅仅是引导教化青少年，培养他们正当的理智，让被教育者接受有关诚信/信用的知识、规矩、信息和技能，以为未来生活做准备；教育也是指广义上的影响人的身心发展的社会实践活动，"教育即生活""生活即教育"。诚信教育也是如此。

　　生活对诚信的教育，主要体现在社会对诚信的各类约束机制制度上。诚信环境也是教育，表达的也是同样的意思。

一、诚信约束机制的种类

　　诚信的约束机制有多种，也有不同的分类。

　　一种分类，是从正负两面激励的视角讨论诚信的约束机制。从这个视角看诚信的约束机制，多数是包含正向激励和负面约束的双向激励机制的，例如征信、信用报告、信用评估、诚信口碑、媒体监督、有关诚信的表扬和批评、经济奖励和处罚等；也有单向的激励或约束机制的，例如评选诚信模范、信用黑名单制度、行业禁入制度、限制高消费制度等。

　　另一种分类，是根据约束机制中是否有公权力介入的强制性机制来观察和讨论的。从这个视角观察，大多数的诚信约束机制，是没有公权力介入的约束机制，例如多数带有市场服务或专业服务性质的、主要为经济信用服务的信用基础服务设施。这是由于经济信用是由市场经济的主要民事活动、主要民事关系的性质决定的。前面讨论过，主要为经济信用服务的信用约束机制，如信用评分，也会对道德诚信产生延伸的积极影响。再例如，上面提及的诚信口碑、媒体监督、有关非公共权力部门主导做出的对诚信的表扬和批评、经济奖励和处罚、诚信模范、合作客户名单等。

　　有公权力介入的、带有强制性机制的诚信约束机制，又可分为公检法部门介入经济民事纠纷的司法机制和其他公权力部门（主要是行政部门）介入和建立的有关诚信的约束制度机制，如法律及司法制度、行业禁入制度、限制高消费制度等。显然，这里最重要的是，对广义诚信产生巨大和深远影响的法律及司法制度机制。

二、诚信约束机制改进的思路及建议

　　前面，我们对我国广义诚信的状况做过一些判断，比如：在广义诚信中，经济信用是基础，道德诚信属意识形态的上层建筑；经济信用这个经济基础不能失守，道德诚信也有巨大的作用，两者是相互影响的；虽然当前中国社会的经济信用建设仍有很多改进的空间，但相对而言，狭义的道德诚信缺失的问题可能更为突出，对其约束的制度机制缺陷更为严重；中国社会的诚信建设仍任重道远。

　　在这些判断的基础上，我们关于诚信建设的思路也是清晰的，就是在本章开头提到的，要抓好的三件事情：一件是前面多章讨论的经济信用的底线；一件是本章讨论的诚信教育；再一件是我们将在下一章讨论的公众人物的示范效应。

现就下一章内容以外的诚信约束机制改进提一点建议，即可鼓励建立诚信教育基金，先进行试点。

这个建议的思考要点有：

目的：辅助诚信教育，褒奖诚信。

发起方、主办方：学校为主，其他社会非营利机构组织也可以参与。大中小学均可试办。公权力部门可给予支持、鼓励，给出政策允许试点的宣示即可，但不要主导、主办，也不必建立行政审批许可制度。

表彰方式：正面表彰激励为主，负面批评惩戒为辅；精神表彰为主，物质奖励为辅。

表彰对象：学生、老师为主，其他人员为辅；学生和老师，又以学生为主。

范围：不对普通人搞全面的道德诚信评价。

资金来源：自筹和捐赠。基金的发起和长期运行，需要资金投入，但无需较多的资金。

建立诚信教育基金的试点，要开放包容地允许学校和社会去试；只要社会效应的客观判断认为，试点的成效总体上是利大于弊的，便可允许在实践中不断改进和完善。

通过不断完善的各种诚信制度机制的激励约束，促进社会诚信环境的持续改善，可能是最有效的诚信教育。

思 考 题

（1）就广义的或狭义的诚信建设而言，你认为改善诚信环境最重要的、最有效的有哪几件事？

（2）为什么说诚信是人类必备品德、第一品德？

（3）诚信早期教育的目的是什么？

（4）为什么说，从人性上看，诚信教育的理念与扬善抑恶是一致的？

（5）为什么诚信还需要终身教育？

（6）为什么说诚信的约束机制制度和诚信环境也是诚信教育？

（7）你是否赞成在学校建立诚信教育基金？

第十章

三类主体的诚信

本章虽然是本书的最后一章，但是其话题的重要性举足轻重。这里讨论的三类主体，是指公共部门、企业家和公众人物。在当今世界各国的文化文明和体制下，这三类主体的诚信都是诚信建设中最重要的，是社会诚信中的关键少数，只是他们之间的相对重要性于各国可能略有差异。因此，讨论这三类主体的诚信问题，尤其是约束其诚信的制度机制建设，在各国遇到的困难和阻力可能也不一样。

与前面两章一样，诚信如作为广义信用的同义词，是涵盖经济信用的，但因为我们在前面已概要地讨论了经济信用建设，所以这里更侧重讨论三类主体的道德诚信建设。

第一节　三类主体的诚信建设

一、三类主体的诚信建设内涵

公共部门、企业家和公众人物，这三类关键少数主体要做社会诚信的榜样。对于广大普通民众来说，这个结论可能是顺理成章，无需深入展开讨论和论证的。从三类主体的角度来看，成为社会诚信的榜样有点勉为其难，略有争议。但是客观上，这三类主体的言行对社会的示范影响极大，是毋庸置疑的。

这里的公共部门诚信，是政务诚信的同义词。按照《"一带一路"债务可持续性分析框架》中对公共部门的定义，广义公共部门具体包括政府（中央政府、州政府、地方政府、社保基金和其他预算外基金）、国有金融和非金融企业（主要指有政府担保借款，或进行无偿准财政活动或无盈利记录的国有企业）和中央银行。因此在我国目前的体制下，公共部门的边界是比较清楚的，主要应是党政部门，其依法管理社会公共事务，以公权力为基础，具有明显的强制性。

三类主体的定义及范畴均有讨论的空间和弹性，它们之间虽有交叉，但也不构成一个完备的集合。

首先，公共部门诚信建设具有轨物范世的意义。政务诚信是社会信用体系建设的关键，各类政务行为主体的诚信水平，对其他社会主体诚信建设发挥着重要的表率和导向作用。

公共部门作为提供各类公共服务和准公共服务行为的庞大强势主体，其行为深刻影响着社会生活的方方面面。这三类主体在社会诚信中表率作用的相对重要性、差异特征，可能与在其他国家所谓"小政府"、资本特别是垄断资本的力量更强势的体制下的情形，有明显的差别。这足以表明公共部门诚信在中国社会诚信中的重要性和其他战略意义。

集体的行为倾向和特征，是由集体中的各个个体的行为倾向和特征集合构成的。在一个集体中掌握决策及其执行权的少数个体，或者说一把手及其团队，是"关键少数"的关键。公共部门是特殊的集体，具有集体的同质特征，公共部门的领导者为该集体中决策和执行的少数个体。而接触社会公众的公共部门一线人员也是影响公共部门形象的关键少数成员，因为人民群众对公共部门的观感，主要依据其一线人员的言行。

在古代，官员的言行还承担着一定的教化功能。所谓"以吏为师"，就是说官员负有引领和塑造民风之责，要以身作则。党中央高度重视领导干部的道德修养。从党内条例到国家公务员管理条例，都有对党员、公职人员行为规范的明确规定。全心全意为人民服务、为群众做表率，中国共产党的干部，比世界各国的公职人员有着更高的标准，更严的要求。

【信用规律之十——关键少数规律】掌握公权力的公共部门、企业家和公众人物对社会风气影响极大，是影响和决定社会诚信水平的关键少数。

其次，企业家群体也是诚信建设的一类关键少数。他们有的是公众人物，有的可能不是。企业家群体是对市场经济秩序和社会诚信有着重要影响，可能是仅次于公共部门或其官员群体的一类关键少数。其中，国有企业法定代表人群体，与民营企业家因约束规范行为的机制有很大的不同，在社会诚信中的表现和影响也有所不同。

最后，公众人物亦称公共人物，是指一定范围内拥有一定的社会地位，具有重要社会影响，为人们所广泛知晓和关注，且能因此从社会中得到巨大利益，并与社会公共利益密切相关的人物。一般认为，社会知名度高、社会地位较高、能在较长时间内影响社会公共利益和因此能得到巨大的个人利益，是判断公众人物的四个主要特性。公众人物往往是社会各个领域的精英，其价值信仰、社会行为等能够潜移默化影响社会大众的观念和行为。如果公众人物道德意识淡薄、诚信行为失范则会分化社会诚信建设。

三类关键少数主体有责任珍视和维护好自身社会形象，做社会价值风向标、道德航船压舱石，成为弘扬社会主义核心价值观的公共标杆。但是在当前或今后一段时期内最紧迫需要的，首先是要做道德诚信的模范。如果这一点都做不到，则侈谈更高的要求便是假大空。换言之，一个社会诚信水平不高，公共部门、企业家和公众人物三类群体负有不可推卸的责任。

在第八章说过，近年来多个诚信问卷调查报告的结果估计，认为社会诚信度很好的仅约占调查总人数的 10%；认为社会诚信度较好的约占调查总人数的 15%；认为社会诚信度一般的约占调查总人数的 25%；而认为社会诚信度很差亟须重塑社会诚信度的约占调查总人数的 50%。没有证据可以表明，对三类主体的诚信状况估计会好于社会诚信。

当前，有部分普通民众对三类关键主体的总体诚信表现并不满意。这个判断以公共部门为例，意即有部分公共部门人员的言行，存在各种不诚信的表现，从而影响到公共部门的总体诚信形象；企业家群体和公众人物群体也是如此。这个判断，并不是抹杀和否定三类主体中同样有部分成员的言行是达到较高诚信水平的事实，以及他们对维持和提升社会诚信水平发挥的积极表率作用。

关于三类关键少数主体中有部分成员存在各种不诚信的表现，就企业家群体和公众人物群体而言，相对容易讨论。而就公共部门这个关键少数，则较为难以讨论和把握。有部分公共部门人员存在不诚信的表现，表现为多种类型：发文不明确法规依据和指示来源；以侵犯国家机密、个人隐私等种种理由违反法定应公开或依申请可公开的事项信息；空头许诺；欺上瞒下；不实事求是地面对媒体；等等。对于企业家群体而言，企业间的相互拖欠、违约现象难以好转，显然受企业家群体的诚信影响很大。而部分明星言过其实的广告代言等，则是公众人物群体总体诚信形象也不好的表现。

第二节 公共部门诚信制度机制建设

公共部门指的是负责提供公共产品或进行公共管理，能够增进公共利益的部门。我们从易到难来讨论如何构建公共部门诚信的制度机制。

一、公共部门的经济信用约束机制

经济信用是广义信用/诚信的基础。首先，相对简单来说，公共部门要在经济信用活动中守信，要做全社会诚信的表率。原因在于，相对于道德诚信的约束制度机制，经济信用的约束机制和基础设施要更健全一些，只要在政策和有关经济信用基础服务设施的操作实践中明确，公共部门特别是政府作为与企业和个人主体在法律和信用关系中平等的主体，就可以了。这句话在法律上并没有障碍，例如，没有哪部法律规定不允许编制公共部门这类特殊主体的普通信用报告，但实际上中国目前征信机构对这个问题是有疑虑的。市场还没见到有某个县政府的信用报告，原因一是法律规定政府不能直接向银行借贷，二是基础征信服务机制还没有覆盖到商务信用领域。

我国政府在资本市场特别是国内资本市场的信用度是很高的。政府部门举债，也引入了国际通行的主权信用评级制度。总体上，中国政府部门在资本市场上的守信表率作用是很好的、可靠的，这是有长期事实根据的。

公共部门的经济信用，即各级地方各部门的商务信用，包括政府采购的守约按时付款问题，应引起重视。在采购合同中，政府作为强势主体已充分利用了其优势地位；一些中小企业为了生存、不计成本，抢着拿到政府订单，到期眼巴巴收不到付款，不仅影响政务诚信，还会带来其他问题。为了解决这个问题，从信用建设的角度，我们需要务实推进前面提到的政府和国企要带头做商务信用的表率，把政府采购付款拖欠现象控制在较低的水平；需要全社会尽快推进建立商务信用基础征信服务体系；政策（法律上没有障碍）要允许独立的第三方机构对其信用水平进行评价，由上级政府提出评价要求，委托专业第三方机构对政务部门进行信用评价①。

二、政府补贴契约化

增强公共部门诚信制度的建设，首先也是要从相对容易的、基础的经济信用做起。在公共部门的举债、采购、投资、补贴等经济信用行为上，都有加强守信激励和失信惩戒的约束制度建设空间。这里以国家和政府的补贴补助为例做简要讨论。

国家补贴项目涉及农业、林业、畜牧业、民生、养老、环保、高新技术、电子商务等方面的项目，国家会根据规定给予财政补助。各个政府部门或多或少都有一些补贴资源，较多的是国家发展改革委、财政部、农业农村部、科技部等部委。政府补助表现为政府向企业转移资产，通常为货币性资产，也可能为非货币性资产。政府补助主要有财政拨款、财政贴息、无偿划拨非货币性资产三种形式，其中又以财政拨款类补贴最多。

关于政府补贴的规模，证券时报·数据宝发布的《A股政府补助排行榜》显示，2020年A股公司政府补助金额2 116亿元，较上年同期增加逾330亿元。获政府补助上市公司数量首次突破4 000家，占A股上市公司总数的98.45%②。

本小节议题"政府补贴契约化"，主要是从改善政务诚信的角度提出的建议，内涵容易理解，实质是把政府补贴的标的及其操作，进一步转变为符合政策导向的规范标的采购契约合同。这种把政府补贴的申请、批准行为转变为公开的竞争契约行为，更多地用政府购买服务和与补贴对象签订合同的形式来操作。此举可以稳定市场主体的预期，给政府自身更强的信用约束、减少其自由裁量操作的空间，有利于实现政府补贴工作向有更多积极效应的信用磁场转变。所有现在国家期望更好发展并愿意给补贴的行业，如农业、康养、关键技术等产业，都适合做这种转变。

三、公共部门的守信践诺机制建设

道德诚信建设其实是比经济信用建设难度更大的工作。虽然在信息技术上具备这个条件，但一些在经济信用上行之有效的制度机制可能不适合应用在道德诚信上，比

① 张丽丽，章政. 政府信用内涵与我国政务诚信建设的路径选择［J］. 征信，2020，38（3）：18-25.
② 梁谦刚. 力度空前！A股政府补助榜单来了［EB/OL］.（2021-05-06）［2023-03-10］. https://m.thepaper.cn/baijiahao_12541218.

如征信服务制度机制。但是，对于道德标准要求更高的三类主体，未必就不可以尝试和探索。特别是对于中国社会诚信建设中居于第一重要性的关键少数主体公共部门而言，更是如此。

近年来，有加快政府守信践诺制度机制建设的讨论。在这个主题下，人们已经讨论到：要把政务履约和守信践诺服务纳入政府绩效评价体系；要把发展规划和政府工作报告关于经济社会发展目标落实情况以及为百姓办实事的践诺情况作为评价政府诚信水平的重要内容；要推动各地区、各部门逐步建立健全政务和行政承诺考核制度；要完善政务诚信约束和问责机制；等等。

健全政府守信践诺机制①

2020 年 12 月 1 日，中共中央政治局常委、国务院总理、党组书记李克强主持召开国务院党组会议。会议强调，要加强政务诚信建设，健全政府守信践诺机制。

会议指出，国务院党组和政府系统要认真学习领会，结合政府工作实际深入抓好贯彻落实，坚持依宪施政、依法行政，持续推动法治政府建设。一要依法全面履行政府职责；二要完善行政法规体系；三要提高行政决策法治化水平；四要严格规范公正文明执法。

会议强调，政府系统工作人员特别是领导干部，是推进全面依法治国的重要力量，要带头不断提高运用法治思维和法治方式做好政府各项工作的能力，接受法律等各方面监督，奉公守节，廉洁为民，坚决纠正不作为、乱作为，力戒形式主义、官僚主义，自觉做尊法学法守法用法的模范，为推进社会主义法治国家建设、促进经济社会发展、增进民生福祉做出更大贡献。

首先，我们是赞成探索建立政府履行承诺的制度机制建设的，即便未来证明这一想法不可行，也不后悔表明这一态度。要想让这一想法真正落地试行，我们还需要更深入务实的讨论，其中至少有三个问题需讨论清楚。

第一个问题，公共部门守信践诺机制的建立是否具备先决条件？建立公共部门的守信践诺机制，主要是建立一个对公共部门的监督机制。这事如能做成，显然是一个对公共部门监督机制的创新和加强。公共部门愿意加强各种监督机制建设，更基础的主观条件是愿意依法更好地提高行政透明度，加强信息披露。继续推进这两个针对公共权力部门的改革方向，就需要更有成效的改革举措。

第二个问题，是否规则先行？由谁来主持制定做这件事的规则？显然，做这件事哪怕只是试点，也是需要规则先行的。这个问题的关键，是由哪个机构来组织制定做这件事的规则？显然，需要党政系统中某个与政务诚信建设或公共部门监督机制建设职责密切相关的部门来主持。2022 年国家发展改革委发布的《进一步完善政策环境加大力度支持民间投资发展的意见》指出，健全完善政府守信践诺机制，由国家发展改

---

① 佚名. 国务院党组会议. 加强政务诚信建设 健全政府守信践诺机制 ［EB/OL］. (2020-11-27) ［2023-03-01］. http://creditojcgov.cn/wcm/content/detail/20201127104804_100097.html.

革委、工业和信息化部、财政部等国务院相关部门及各地区按职责分工负责，地方各级政府要严格履行依法依规作出的政策承诺①。

第三个问题，则是初期规则需要明确的若干技术性问题。制定初期规则绕不开以下问题：哪些公共部门应该包括在内？哪些承诺应该进入该制度？该制度的基础部分，类似于针对经济信用的征信制度，做公共部门承诺的守诺守信状况的记录及其评价，是一种服务，在中国现阶段是适合做成公共服务、市场服务还是准公共服务（像中央银行征信中心提供的服务）？哪些人或机构可提供原始记录数据？

这些问题都是比较重要的，以哪些承诺应该进入该制度为例。显然政策理念性、目标性的承诺，如"推动共同富裕取得明显的实质性进展""推动教育资源更加公平分配"，就不合适进入；而体现政策理念和目标的具体工作甚至工程，如"消除高价学区房现象""实行多校划片"，就比较适合进入。判断的依据是，该承诺有现成的衡量承诺实现程度的标准、是可记录的甚至是可量化客观记录的。

这些问题如果不讨论清楚，形不成共识，则讨论政府履行承诺的制度机制建设，就难免成清谈。

公共部门的践诺机制建设，可以从易到难、从窄到宽地渐进推进。胡俊超先生在其编著的《政府诚信理论与实践》中提到的"建立政府失信专项治理机制"，就是一个不错的思路和建议。我们在全面排查各级政府行政部门对企业和个人主体失信事项的基础上，先对问题突出的承诺不兑现、新官不理旧账的问题进行专项治理，并建立防止问题复发的长效机制。至于公共部门拒不执行法院判决、拖欠民企欠款的问题，可以在已有的司法公信和经济信用机制的完善执行中解决。

《国家发展改革委关于完善政府诚信履约机制优化民营经济发展环境的通知》解读

2023 年 7 月 19 日，中共中央、国务院发布《关于促进民营经济发展壮大的意见》，提出"要完善政府诚信履约机制，建立健全政务失信记录和惩戒制度，将机关、事业单位的违约毁约、拖欠账款、拒不履行司法裁判等失信信息纳入全国信用信息共享平台。"此次，国家发改委发布《关于完善政府诚信履约机制优化民营经济发展环境的通知》（以下简称《通知》），聚焦政府诚信建设和诚信履约机制出台更具操作性的指引，充分体现了政策的连贯性。

政府信用社会信用体系建设的立足点，是政府合法性和公信力的源泉和基础。尤其在世界政治经济动荡时期，政府公信力、政府信用是保障经济复苏发展的执政之基。2014 年出台的《社会信用体系建设规划纲要（2014—2020 年）》明确以推进政务诚信、商务诚信、社会诚信和司法公信建设为主要内容。其中，政务诚信是现代社会诚信体系和政府公信力的基石，是商务诚信、社会诚信的表率，也应当成为社会信用体系建设的核心内容。2016 年，关于政务诚信建设的首个纲领性文件《国

---

① 国家发展改革委. 国家发展改革委关于进一步完善政策环境加大力度支持民间投资发展的意见 [EB/OL]. （2022-10-28）[2023-03-10]. https://www.ndrc.gov.cn/xxgk/zcfb/tz/202211/t20221107_1340900.html.

务院关于加强政务诚信建设的指导意见》发布，围绕基本原则、政务诚信监督体系、政府信用管理体系以及重点领域对我国社会信用体系建设背景下政务诚信建设提供了建设方向和基本框架。但在过去近十年的建设中，我国社会信用体系建设一直以商务诚信和社会诚信为重点内容，主要围绕企业、个人开展各类公共信用评价和诚信建设活动，在政务诚信领域一直未出台操作性的建设文件。《通知》是深化政务诚信建设的助推剂，指出，"政务诚信是社会信用体系重要组成部分，政府在信用建设中具有表率作用，直接影响政府形象和公信力。"并从建立违约失信信息源头获取和认定机制、健全失信惩戒和信用修复机制、强化工作落实的政策保障三方面明确了推动政府诚信履约机制的建设方向。

《通知》是优化民营经济发展环境，促进民营经济发展壮大的强心针。政府诚信是营商环境的根本，政府失信行为将严重损害当地经济发展和社会稳定。事实上，信任会发生螺旋效应，一旦企业和社会对政府承诺缺乏信心，将导致对政府的信任程度快速下降，阻碍经济发展，而政府想要采取措施重新挽回声誉则需要付出更多的成本，以重建信任。此前促进民营经济发展的政策主要围绕财政税收以及金融领域，此次从政府诚信建设出发优化营商环境，可谓瞄准民营经济发展土壤中的关键环节，乃治本之策。《通知》明确了四类典型的政府失信行为：朝令夕改、新官不理旧账、损害市场公平交易、危害企业利益，围绕六大领域的合同履约明确了政府违约失信范围：政府采购、招标投标、招商引资、政府与社会资本合作、产业扶持、政府投资，并针对如何认定政府的违约失信行为、失信惩戒和信用修复机制，以及政策落实保障等，对政府诚信建设和诚信履约机制的工作落实提出了明确指引。其中，涉及政府部门绩效考核评价、营商环境评价、高质量综合绩效考核、地方政府债务等失信惩戒措施，有助于调动地方政府积极性，从根本上提振民营企业信心，推动地方经济发展，促进营商环境优化。

近年来，已有安徽、江苏、山西、河南等地围绕公共政策兑现、政府投资领域拖欠问题等领域已经开始积极推动政府诚信建设。未来按照《通知》精神，在实践过程中围绕违约失信行为认定的公开透明、责任主体、认定边界，以及失信惩戒机制的健全与落实，还需要地方政府的积极思考与探索。此外，还可探索建立第三方监督评估机制，引入第三方信用服务机构参与政府诚信建设，有助于克服地方保护行为，提升建设效率。

四、公务员的诚信档案制度

把公务员诚信档案制度作为第三个加强公共部门诚信建设的措施。为什么要促进公务员诚信档案制度的落地？原因如下：第一，公务员诚信显然是影响公共部门诚信的主要因素；第二，虽然不适合对普通人的诚信建立类似基础征信的制度，但对道德诚信要求更高的主体是可以讨论和探索的；第三，这个措施已经在官方政务诚信建设中正式提出来了。在此进行的分析讨论，希望有助于这个制度能够落地。

国务院先后印发的《社会信用体系建设规划纲要（2014—2020年）》《关于加强政务诚信建设的指导意见》中要求建立公务员诚信档案，思路如下："依法依规将公务员个人有关事项报告、廉政记录、年度考核结果、相关违法违纪违约行为等信用信息纳入档案，将公务员诚信记录作为干部考核、任用和奖惩的重要依据"。

较为合理的公务员诚信档案，所包含的主要信息应该是公务员的真正的诚信记录，即其做出过的有据可查的承诺的兑现状况的记录。记录的重点可集中到公务员在履职过程中道德诚信的表现记录。换言之，公务员诚信档案制度建设，应该建立的是狭义的诚信报告制度。因为公务员的经济信用记录已经在现有的个人征信系统中，有其个人信用报告可以呈现，不必再做重复工作。建立这个制度的关键和难点在于，要有众多的利益相关人的积极、客观记录和分享公务员的诚信信息。这里的利益相关人，是指公务员在履职过程中做出承诺的对象。克服这个难点，需要政策的引导鼓励，从而使公务员在履职过程中做出的承诺及其守诺状况的信息能够被客观记录，并分享至合法的公务员诚信档案（或报告）系统平台。

同样地，建设公务员诚信档案/报告制度也需要规则先行。在现阶段的中国，这种特殊的信息服务是公共产品还是非公共产品？这与由什么性质的机构来建设和运行公务员诚信报告数据库系统密切相关。我们如果不能更开放地、社会化地建设和运行该系统，而只是在现有人事档案中增加一些泛化信用的信息，就不可能建立起向纳税人和服务对象负责的体制机制。那么，想要公务员成为社会道德的楷模，可能就更难了。

最后我们也知晓，负责公务员现有档案的部门态度，对此事能否落地的影响是关键的。

五、"政务诚信"的评价思路

国务院在《社会信用体系建设规划纲要（2014—2020年）》中，提出"坚持依法行政。将依法行政贯穿于决策、执行、监督和服务的全过程，全面推进政务公开，在保护国家信息安全、商业秘密和个人隐私的前提下，依法公开在行政管理中掌握的信用信息，建立有效的信息共享机制。切实提高政府工作效率和服务水平，转变政府职能。健全权力运行制约和监督体系，确保决策权、执行权、监督权既相互制约又相互协调。完善政府决策机制和程序，提高决策透明度。进一步推广重大决策事项公示和听证制度，拓宽公众参与政府决策的渠道，加强对权力运行的社会监督和约束，提升政府公信力，树立政府公开、公平、清廉的诚信形象。

发挥政府诚信建设示范作用。各级人民政府首先要加强自身诚信建设，以政府的诚信施政，带动全社会诚信意识的树立和诚信水平的提高。在行政许可、政府采购、招标投标、劳动就业、社会保障、科研管理、干部选拔任用和管理监督、申请政府资金支持等领域，率先使用信用信息和信用产品，培育信用服务市场发展。"

以上政务诚信建设的思路，大多仍处于初始讨论阶段，远没有到具体制度措施可落地的务实的制度机制建设阶段。

例如，上面提到要减少公共部门不诚信的机会和概率，要实现这个目标，我们就一定要树立依法行政的基本理念。这不是泛化信用的概念，不依法行政，其本身从性质上并不是失信，而是有法不依、是违法。这个提法及其逻辑没有问题，但这是个属于法治建设、建设"法治中国"的大课题，而不属于信用建设的内容。如果仍然普遍存在没有把公共权力关进制度笼子里的现象，打着"依法行政"的旗号实际上只会增加朝令夕改、强势的执法人员说话不算数等不诚信行为的机会和概率。应该说，在很多地方、很多官员的头脑里，法无明确授权不可为的先进依法行政和司法理念基本还没有树立起来。甚至有的官员以为自己是什么都可以管的，并且想怎么管就怎么管。要更好地树立起依法行政司法的观念，宜先从法律已经授予各个公共部门的权力运行约束做起，持续不断地减少自由裁量的空间，才是比较务实的。

第三节　企业家诚信的制度机制建设

在中国特色社会主义市场经济体制下，企业家主体群体诚信对社会诚信的影响，可能是仅次于公共部门诚信的影响。增强企业家诚信的激励约束机制，可以从多个方面进行。

一、完善企业家信用报告

企业家信用报告，是指将其个人信用记录和其作为企业实际控制人期间的企业信用记录整合在一起，将企业家信用承诺和商务活动情况纳入企业家信用记录，建立企业法定代表人及实际控制人的个人信用报告。我们应在推动建设个人诚信体系建设的同时，依托真正的信用信息平台，逐步建立企业法定代表人、主要负责人的信用报告服务制度。

显然，这是企业家在经济信用活动中的激励约束机制的基础。企业家在经济信用活动中在注意保持个人信用良好记录的同时，尽力帮助对他有较大影响力的企业在经济信用上有良好记录。其他主体与一家企业要建立比较重要的信用关系时，该主体既要看企业的信用报告，又要看企业家信用档案，如此就可以对社会诚信产生良好的延伸影响。

2011年，作者在第七届中国诚信企业家大会所做的演讲"建设企业征信系统，推动企业家诚信经营"中，曾提出要实现企业征信系统与个人征信系统的相互链接和建立"企业家信用报告"制度的两点构想。至今，第一个构想已经在人行征信中心的二代征信系统建设中实现；现在进一步讨论第二个构想。当时参会人员包括企业家对此项构想的反馈还是很积极的。推动此项工作，在法律上并没有障碍，征信业界应该可以大胆地尝试。

让这个构想制度落地可能遇到的一个问题是，登记注册的企业法定代表人可能与企业的实际控制人不一致。如果以企业的注册法定代表人作为这项工作务实定义的"企业家"，可能会遇到"该法定代表人不是这个企业的实际控制人和企业当家人"的异议。但这毕竟是很少数的情形，相信会在不断完善的制度规则中得到妥善解决。这里的"企业家"的范围如何界定比较合适？务实地将企业家信用报告的主体界定为各行业中型及以上规模企业的法定代表人，可能是比较合适的。

我国如能建立起企业家信用报告制度，则实际上是建立起了对企业家的、市场化的信用联合奖惩机制。

在成功建立起企业家信用报告服务制度的基础上，我们才可以考虑是否要建立包括守法守规表现得更全面的信息的企业家档案制度，而不能相反更激进地先提出几乎无所不包的、包括信用表现和守法守规表现信息的企业家个人诚信档案（实际是企业家档案/报告制度）。这里需要再次强调，法治建设与信用建设，虽然密切相关、相互影响，但它们是两个从概念、问题、内容、方法，到规律和体系机制，都有很大不同的系统建设。混为一谈，利很小，弊很大。

二、小微企业信用报告

这里的小微企业信用报告，并非单纯的小微企业的信用报告，而是加上小微企业主个人信用表现的信用报告。这是基于市场普遍认为小微企业的信用状况，与企业主个人信用表现高度相关的认识。与大中型企业不同，小微企业的贷款获取往往通过个人经营性贷款获得，较少使用企业信贷工具，因此企业主个人的信用状况对小微企业的运营具有较大影响。

人行征信中心若干年前已经有这个服务产品，其他征信机构有条件的也可以提供这个服务，相关人员可以从小微企业的信用报告中即可了解企业主的信用状况。

小微企业信用报告制度，与上面讨论的企业家信用档案制度具有类似的机制，具有强化企业家（主）的信用激励约束的作用。不断完善这两个基础征信服务，包括我们一直强调的增加商务信用信息的采集，势必促进大中小微企业家（主）群体在经济信用中的表率作用。

对企业家诚信的制度机制建设，重点在经济信用领域。目前，如果试图在道德诚信领域建立企业家诚信报告制度，大概率条件是不成熟的，因为大多数企业家对此并不欢迎和乐意。

中央银行征信设计小微企业信用报告①

为解决金融机构在对小微企业授信时的信息不对称问题，中央银行征信中心将小微企业和其关键人信息进行整合，设计了单独的小微企业信用报告，以全面反映小微企业的信用状况。截至 2018 年年末，征信系统累计帮助 54 万户中小微企业获得银行贷款，余额达 11 万亿元。

从具体内容上来看，小微企业信用报告包括信息概要、基本信息、信贷信息、非信贷交易信息、公共信息和声明信息六部分。报告主体部分既保持了目前银行版企业报告主体内容，又突出小微企业信用报告自身特点。

① 经济观察报. 整合企业、关键人信息 中央银行征信中心设计单独小微企业信用报告 ［EB/OL］.（2019-06-25）［2023-03-10］. https://baijiahao.baidu.com/s? id=1637293165904347523&wfr=spider&for=pc.

信息概要置于报告第一部分，满足金融机构快速了解小微企业信用状况的需要。与一般企业信用报告相比，信息概要部分增加了关键人信息概要和查询历史信息（近3个月内查询历史记录）。关键人是指小微企业主等对企业经营活动有重要影响的自然人，来自个人信用报告中的信贷概要，由查询用户自行判定并在输入查询条件时录入。近3个月内查询历史记录主要是反映小微企业近期信贷需求。基本信息和信贷信息与银行版企业信用报告保持一致。另外，其增加了非信贷交易信息，包括公共事业缴费记录和商务付款信息，反映小微企业的信用历史。

第四节　公众人物的诚信制度机制建设

人们对公众人物范围的认识可能有很大差异。建立公众人物诚信的制度机制，需要在制度规则中明确公众人物的概念和范围。公众人物应包括两大类：一是公权力部门一定级别的官员；二是有较大影响力的各行各业的明星式人物，包括知名的企业家、网红。约束公众人物的制度机制建设，可以从较小的严格的范围内试点做起。

以下选择公众人物专题诚信制度、道德模范评选制度两个可探索的机制建设，做点概要讨论以期落地和不断完善。

一、公众人物的诚信制度

我国政府多年前便从规范市场经济秩序开始，提出要加强行业信用建设。2014年，民政部、中央编办、国家发展改革委、工业和信息化部、商务部、中国人民银行、国家市场监督管理总局、全国工商联以民发〔2014〕225号印发《关于推进行业协会商会诚信自律建设工作的意见》。近年来，在各行业监管部门、行业协会、行业企业主体的参与推动下，行业信用建设都有不同程度的进展，一些行业如影视、工程建设、房地产、食品医药、金融、电子商务等行业也建立了一些不同程度的行业诚信经营数据库及行业诚信建设的规范。例如《证券期货市场诚信档案数据库对外服务指南》《电子商务企业诚信档案评价规范》等，对推进行业信用建设是有益的。但是，由于受泛化信用和行业大数据发展等因素的影响，人们对真正意义上的行业信用和诚信建设专注力不够，总体上行业诚信建设参差不齐、效果不尽如人意。

我们这里提议的公众人物专题诚信制度，是在建设行业企业和个人主体诚信数据库的基础上，建立与之密切相关的、范围更小的仅限于公众人物的某种专题的诚信报告制度。

以"公众人物代言广告诚信报告制度"为例，有能力促进社会诚信建设的主体，要推动建立该制度机制，需要把握好以下要点：

（1）定位：以类似征信服务制度的市场化专业信息服务为宜，可聚焦某类公众人物先行试点，依托该行业诚信建设开展。

（2）规则先行。

（3）关键：有专业的市场主体客观记录公众人物或明星代言广告的诚信表现。

诚信报告制度的恰当应用，应能增强对公众人物诚信的市场激励约束机制，更好地发挥其促进社会诚信的表率作用。

二、道德模范评选制度

本部分内容之所以也放在这节的主题下讨论，是因为人们评上道德模范了，也就成了公众人物了，至少在评选的人群范围内是这样。

近年来，全国各地都开展了道德模范评选表彰活动。2007 年开始全国范围的道德模范评选表彰活动，平均每两年评选一次。由中共中央宣传部、中央文明办、解放军总政治部、全国总工会、共青团中央、全国妇联六大部门共同主办，是新中国成立以来规模最大、规格最高、选拔最广的道德模范评选，在 9 月 20 日——"公民道德日"这一天揭晓。细分奖项设"助人为乐""见义勇为""诚实守信""敬业奉献""孝老爱亲"5 个类型。从第一届到 2021 年的第八届，每届获奖和候选提名人数是 50 多人到300 多人的规模。毫无疑问，这项在全国不同范围、不同层次持续开展的评选表彰活动，对提升全民道德水平包括社会诚信水平肯定是有积极影响的。

我们从进一步提高此项制度活动对社会诚信的积极影响角度，提出以下建议：①增加分奖项"诚实守信"的比重，因为这对社会生活的影响是最为广泛的、最大的。②对其他分奖项的提名候选人，规则中应有对其道德诚信的基本考察。③对于评选前已经是公众人物的，入选获奖的标准应掌握得更严更高。实际上，在各行业的各种先进人物评选表彰中，对候选人资格的把握，均应有诚信度的考核维度。

思 考 题

（1）诚信建设中三类关键少数，是指哪三类主体？

（2）为什么说三类主体是影响和决定社会诚信水平的关键少数？

（3）为什么说，在中国，公共部门更要做社会诚信的榜样？

（4）你对公共部门诚信的制度机制有什么建议？

（5）你对政府提出的公务员诚信档案制度有效落地，有什么建议？

（6）根据你的了解，在政府的政务诚信建设中，你对哪项措施是比较满意的？为什么？

（7）你对企业家群体诚信的制度建设有什么建议？

（8）你对公众人物诚信的制度建设有什么建议？

►► 参考文献

［1］刘诗白. 马克思主义政治经济学原理［M］. 成都：西南财经大学出版社，2003.

［2］林钧跃. 为什么主流经济学中没有"信用经济学"分支？［EB/OL］.（2019-04-15）［2023-03-10］. https://www.sohu.com/a/308002647_777813.

［3］吴晶妹. 三维信用论［M］. 北京：当代中国出版社，2013

［4］汪路. 征信：若干基本问题及其顶层设计［M］. 北京：中国金融出版社，2018

［5］20个典型信用约束故事［N］. 中国市场监管报，2017-12-28

［6］赵越. 独家专访前央行征信中心副主任汪路：商务信用是我国征信业的最大短板［EB/OL］.（2019-05-22）、［2023-03-10］. https://www.01caijing.com/article/40284.htm.

［7］国家发改委政策研究室子站. 政策研究室副主任兼委新闻发言人孟玮答问之五：关于社会信用体系建设［EB/OL］.（2019-08-16）［2023-03-10］. https://www.ndrc.gov.cn/xxgk/jd/jd/201908/t20190816_1182942.html.

［8］林钧跃. 信用修复的标准化浅析［J］. 中国信用，2019，32（8）：116-118.

［9］丰收. 蛋壳的四角困局：房东赶人 贷款却还得还［EB/OL］.（2020-11-12）［2023-03-10］. https://finance.sina.com.cn/chanjing/gsnews/2020-11-12/doc-iiznctke1139035.shtml.

［10］乔巴. 蛋壳租户跳楼身亡："后浪"掀开生活最残酷的真相［EB/OL］.（2020-12-07）［2023-03-10］. https://www.shangyexinzhi.com/article/2984605.html.

［11］蔡越坤. 2020年债市违约透视：民企违约改善 国企违约余额增至518.97亿［EB/OL］.（2020-12-19）［2023-03-10］. http://www.eeo.com.cn/2020/1219/447572.shtml.

［12］任涛. 地方政府债务专题研究：附31省市债务负担数据［EB/OL］.（2019-

03-31）［2023-03-10］. https://www.sohu.com/a/303306048_480400.

　　［13］曲哲涵. 积极的财政政策要提质增效更可持续：访财政部部长刘昆［N］. 北京：人民日报，2021-01-06（2）.

　　［14］杨米沙. 我国 P2P 行业"出清"的教训及反思［J］. 中国商论，2020，806（7）：43-44.

　　［15］潘功胜等. 中国金融稳定报告（2020）［R］. 北京：中国金融出版社，2020

　　［16］中国人民银行. 中国人民银行副行长潘功胜就金融管理部门再次约谈蚂蚁集团情况答记者问［EB/OL］.（2021-04-12）［2023-03-10］. http://www.xinhuanet.com/fortune/2021-04/12/c_1127321490.htm.

　　［17］中国银行保险监督管理委员会. 中国普惠金融发展情况报告（摘编版）［R］. 2018-09.

　　［18］王永利. 货币超发为何日趋严重［EB/OL］.（2021-03-19）［2023-03-10］. https://finance.sina.com.cn/zl/china/2021-03-19/zl-ikknscsi8767038.shtml.

　　［19］温铁军：从"中美共治"到竞争对抗，美国对华态度为何180°大转弯？新浪网，2021 年 2 月 28 日.

　　［20］蔡维德. 新型货币战争进行时，中国须背水一战［EB/OL］.（2021-04-06）［2023-03-10］. https://zhuanlan.zhihu.com/p/364296843.

　　［21］市场监管总局依法对阿里巴巴集团控股有限公司在中国境内网络零售平台服务市场实施"二选一"垄断行为作出行政处罚［EB/OL］.（2021-04-10）［2023-03-10］. https://www.samr.gov.cn/xw/zj/202104/t20210410_327702.html.

　　［22］汪路. 论基础征信与信用评估的关系［EB/OL］.（2019-10-08）［2023-03-10］. https://credit.wuhan.gov.cn/front/article/65314.html.

　　［23］扈纪华. 动产担保物权制度建设与思考［J］. 中国征信，2016（2）.

　　［24］汪路，全剑锋. 构建动产权属统一登记公示制度［J］. 中国金融，2014，776（2）：81-82.

　　［25］群硕系统. 专访中国人民银行征信中心副主任汪路：推进动产权属登记 加快融资业务发展［N］. 第一财经日报，2013-07-05.

　　［26］班娟娟. 国常会：全国实施动产和权利担保统一登记［N］. 经济参考报，2020-12-16.

　　［27］［法］让-雅克·卢梭. 社会契约论［M］. 钟书峰，译. 北京：法律出版社，2017.

　　［28］欧阳冬梅、张森栋. 大学生诚信教育［M］. 北京：人民邮电出版社，2012.

　　［29］胡俊超. 政务诚信理论与实践［M］. 北京：中国金融出版社，2020.

　　［30］周其仁. 应对不确定冲击的企业之道［EB/OL］.（2021-11-09）［2023-03-10］. https://www.nsd.pku.edu.cn/sylm/gd/517738.htm.

　　［31］IMF Country Report No. 22/22 People's Republic Of China Selected Issues December 20, 2021.

　　［32］中共中央办公厅 国务院办公厅关于推进社会信用体系建设高质量发展促进

参考文献

形成新发展格局的意见 ［EB/OL］. （2022－03－29） ［2023－03－10］. http：//www.gov.cn/zhengce/2022－03/29/content_5682283.htm.

　　［33］ 国务院办公厅关于加快推进社会信用体系建设构建以信用为基础的新型监管机制的指导意见 ［EB/OL］. （2019－07－16） ［2023－03－10］. http：//www.gov.cn/zhengce/content/2019－07/16/content_5410120.htm？trs＝1.

　　［34］ 国务院关于印发社会信用体系建设规划纲要（2014—2020 年）的通知 ［EB/OL］. （2014－06－27） ［2023－03－10］. http：//www.gov.cn/zhengce/content/2014－06/27/content_8913.htm.

　　［35］ 中国人民银行有关部门负责人就加快小微企业和农村信用体系建设答记者问 ［EB/OL］. （2014－03－27） ［2023－03－10］. http：//camlmac.pbc.gov.cn/zhengxinguanliju/128332/128434/128480/2805925/index.html.

　　［36］ 中国人民银行关于加快小微企业和农村信用体系建设的意见 ［EB/OL］. （2015－07－15） ［2023－03－10］. http：//camlmac.pbc.gov.cn/zhengxinguanliju/128332/128434/128480/2813757/index.html.

　　［37］ 征信市场 "政府＋市场" 双轮驱动的发展模式初步形成 ［EB/OL］. （2018－07－03） ［2023－03－10］. http：//camlmac.pbc.gov.cn/zhengxinguanliju/128332/128352/3570533/index.html.

　　［38］ 郑也夫. 信任：溯源与定义 ［J］. 北京社会科学，1999 （4）：118－123.

　　［39］ 张维迎，柯荣住. 信任及其解释：来自中国的跨省调查分析 ［J］. 经济研究，2002 （10）：59－70，96.

　　［40］ 张维迎. 法律制度的信誉基础 ［J］. 经济研究，2002 （1）：3－13，92－93.

　　［41］ 郑也夫. 读张维迎《信息、信任与法律》 ［J］. 博览群书，2004 （2）：30－36.

　　［42］ 张维迎. 信用体系的建立是中国未来持续发展的根本 ［J］. 中国发展观察，2005 （7）：19－23.

　　［43］ 杨居正，张维迎，周黎安. 信誉与管制的互补与替代：基于网上交易数据的实证研究 ［J］. 管理世界，2008 （7）：18－26.

　　［44］ 佚名. 社会信用体系的内涵与外延 ［EB/OL］. （2014－07－15） ［2023－03－10］. http：//www.gov.cn/xinwen/2014－07/15/content_2717489.htm.

　　［45］ 佚名. 从市场体系到信用体系的里程碑 ［EB/OL］. （2014－07－15） ［2023－03－10］. http：//www.gov.cn/xinwen/2014－07/15/content_2717486.htm.

　　［46］ 王欣. 社会信用体系建设调查：是 "道德绑架" 还是 "诚信创新"？ ［EB/OL］. （2014－06－19） ［2023－03－10］. http：//www.gov.cn/xinwen/2014－06/19/content_2703960.htm.

　　［47］ 王伟. 关于推进社会信用体系建设高质量发展 促进形成新发展格局的意见》专家解读之一 ｜ 社会信用体系建设服务新发展格局的重要行动指南 ［EB/OL］. （2022－05－30） ［2023－03－10］. https：//www.ndrc.gov.cn/fggz/cjxy/gzdt03/202205/t20220530_1326030.html？code＝&state＝123.

［48］韩家平. 中国社会信用体系建设的特点与趋势分析 ［J］. 征信，2018，36 （5）：1-5.

［49］安光勇. 信用体系中奖惩机制的设计：论惩戒之外的有效方式 ［J］. 中国信用，2021 （11）：113-116.

［50］康振宇，付朝渊. 青年诚信状况调查研究：基于贵州省的调研 ［J］. 征信，2021，39 （5）：77-83.

［51］张峰峰，刘伟杰，霍燃. 新时代青少年诚信行为发展现状及影响因素探析：基于77367 个青少年的实证调查 ［J］. 征信，2022，40 （3）：66-71.

［52］王伟. 社会信用体系建设中的理解分歧及其辨析 ［J］. 人民论坛，2021，716 （25）：90-92.

［53］吴晶妹. 建设高质量征信体系需实现三大突破 ［J］. 征信，2021，39 （8）：7-9.

［54］中国人民银行征信中心与金融研究所联合课题组，纪志宏，王晓明等. 互联网信贷、信用风险管理与征信 ［J］. 金融研究，2014，412 （10）：133-147.

［55］中国人民银行金融消费权益保护局. 中国普惠金融指标分析报告 （2020 年） ［R］. 2021-09-08.

［56］World Bank. 2020. Doing Business 2020；Doing Business 2020：Comparing Business Regulation in 190 Economies ：Comparing Business Regulation in 190 Economies. Washington，DC：World Bank. http://localhost：4000//entities/publication/130bd2f3-f4b5-5b77-8680-01e6d6a87222 License：CC BY 3.0 IGO.